Héctor J. Fontanellas

Manual de iluminacion para Cine y video

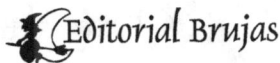

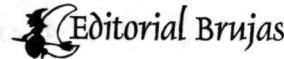

Título: *Manual de iluminación para cine y video.*
Autor: Hector Jaime Fontanellas
Fotografía de tapa y contratapa: Pablo Dagassan

Fontanellas, Hector Jaime
   Manual de iluminación para cine y video / Hector Jaime Fontanellas. - 2a ed . - Córdoba : Brujas, 2017.
   160 p. ; 23 x 15 cm.

   1. Cine. 2. Iluminación. I. Título.
   CDD 791.43025

©De todas las ediciones, Hector Jaime Fontanellas
©2017 Editorial Brujas
2° Edición. Revisada y Ampliada
Impreso en Argentina

Queda hecho el depósito que marca la ley 11.723.

Ninguna parte de esta publicación, incluido el diseño de tapa, puede ser reproducida, almacenada o transmitida por ningún medio, ya sea electrónico, químico, mecánico, óptico, de grabación o por fotocopia sin autorización previa.

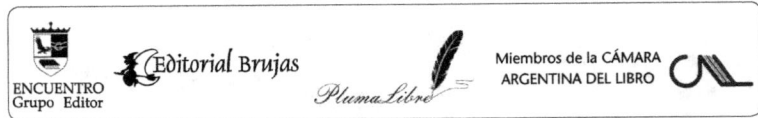

www.editorialbrujas.com.ar publicaciones@editorialbrujas.com.ar
Tel/fax: (0351) 4606044 / 4691616- Pasaje España 1486 Córdoba–Argentina.

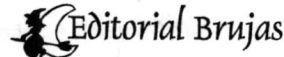

PROLOGO

El objetivo de este manual es aportar datos al quehacer fotográfico de imágenes en movimiento.

Se describen diseños de iluminación, sistemas de puestas de luces, artículos técnicos, y otros datos que pueden ser de interés para un fotógrafo, profesional o no, que decide realizar la fotografía de un proyecto audiovisual.

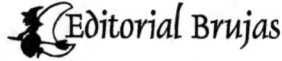

INDICE

PROLOGO 5

I. FILMACIONES EN INTERIOR 9
Estudio o Locaciones Reales 9

II. FILMACIONES EN INTERIOR 15
Estudio o Locaciones Reales 15

III. FILMACIONES EN INTERIOR 21
Estudio o Locaciones Reales 21

IV. DISEÑOS BASICOS DE ILUMINACION EN INTERIOR 25
Estudio o Locaciones Reales 25

      A. ILUMINACION AMPLIA 26
      Ilustración 1 28
      B.ILUMINACION ANGOSTA 29
      Ilustración 2...31
      C. ILUMINACION FRONTAL 32
      Ilustración 3...33
      D.ILUMINACION LATERAL...34
      Ilustración 4...36
      E. ILUMINACION MOTIVADA 37

V. EJEMPLOS DE DISEÑOS DE ILUMINACION
EN EXTERIOR DIA Y NOCHE...39
      A) Exterior día con mezcla de sol y sombra 39
      B) Exterior día con el personaje ubicado 41
      C) Exterior día con el personaje ubicado 42
      D) Exterior noche por noche 44
      E) Exterior día por noche (noche americana) 49

VI. EJEMPLOS DE DISEÑOS DE ILUMINACION EN INTERIOR DIA Y NOCHE 51
- A) Interior/exterior día...51
- B) Interior iluminado con fluorescencia 54
- C) Interior con luz de velador como principal y luz de efecto ventana. 56
- Ilustración 5 58
- D) interior con luz cenital como principal.................................59
- Ilustración 6..59
- E) interiorcon luz tungsteno para generar efecto de luz día...................60
- Ilustración 7..61

VII. TÉCNICAS DE REVELADO PARA "LOOKS" ESPECIALES DE LA PELÍCULA...63
- 1 TECNICA DE RETENCIÓN DE PLATA..................................64
- 2 REVELADO FORZADO Y SUBREVELADO 66
- 3 REVELADO CRUZADO 68
- 4 PREVELADO 69

VIII. BIBLIOGRAFIA..71

IX. GLOSARIO...73
Ilustraciones: Nicolás Fontanellas

X. ANEXOS 77
- Filtros 77
- Luz y color...85

Medicion de la luz por el sistema de luz incidente *Hugo E. Álvarez*................93
El sistema zonal *Hugo E. Álvarez*..97
Tarjeta gris de kodak (kodak gray card) 103
Instrumentos de medición y control de la imagen digital *Pablo Dagassan*......109

XI. ARTICULOS VARIOS..121
- I. La cámara de video *Pablo Dagassan* 123
- II. "Apuntes sobre la puesta de camara" *Rodrigo Fierro*....................127
- III. La planta de luces *Natalia Pittau*...137
- IV. El rol del director de fotografía en un proyecto audiovisual
  Héctor J. Fontanellas 145
- V. V. La luz, materia prima de los directores de fotografía
  Héctor J. Fontanellas 153

I
FILMACIONES EN INTERIOR

Estudio o Locaciones Reales

1 PLANO GENERAL

El criterio de iluminación para preparar una toma de Plano General, se centra en dos palabras:

Ambiente y Movimiento

El *Ambiente* general del efecto de iluminación, es creado por una combinación de tres factores:

1) La dirección de los keyslight que están en el área de acción. Por Ejemplo: el movimiento del o los sujetos.

2) La relación de iluminación en el área de la acción (Ratio).

3) La relación de exposición entre el área de acción y el fondo (Radio).

El *Movimiento* se relaciona con el recorrido de los personajes en el Set.

Ubicar todas las luces para un Plano General puede demandar bastante tiempo por lo tanto el Director de Fotografía deberá planear con anticipación la puesta de luces. Una manera muy efectiva es realizar previamente las plantillas de iluminación que determinará tipo de artefactos a utilizar, su ubicación, su angulación, y accesorios.

Esas plantillas de iluminación serán utilizadas por el jefe eléctrico quién se encargará de la puesta de luces, trabajando con los eléctricos.

Esta organización previa del parque de luces redundará en beneficio técnico y artístico, ya que el Director de Fotografía ingresará al Set y ya contará con la puesta de luces, dedicándose a los ajustes necesarios de los artefactos de iluminación. Esto también permite al Director trabajar con los actores en el lugar del rodaje sin que haya demasiado movimiento de técnicos en el lugar. También beneficia desde el punto de vista de la producción, ya que se reduce el tiempo de rodaje.

La puesta de luces deberá cubrir todos los movimientos de los personajes. La mejor posición sería montar los artefactos en parrillas para luces, evitando de esa manera colocar pies de lámparas en el suelo que condicionaría los movimientos de los actores y del equipo de cámara.

La ubicación de los artefactos, desde la zona del techo, produce las siguientes ventajas:

a) Permite controlar las sombras de los personajes. Las mis mas caen al suelo, evitando falsas sombras en paredes.

b) Produce el patrón de iluminación para los fondos.

c) Aporta para crear el *Ambiente* de la escena.

Los movimientos del o de los personajes, determinan la puesta de las luces.

Se comienza iluminando las áreas de acción con los keys que deberán cubrir todo el recorrido.

El movimiento generalmente es iluminado con keys múltiples, cada uno cayendo sobre el sujeto desde la misma posición, a menos que sean justificadas otras direcciones de keys, por ejemplo por fuentes de luces motivadoras.

Algunas de las ventajas de montar varios keys en una parrilla para luces, son:

- La exposición fotométrica será constante.

- La luz parecerá como que viniese desde la dirección de la fuente motivadora cenital, con distintas direccionalidades.

- La cámara puede realizar tomas panorámicas o travellings, siguiendo al actor.

- No habrá pies de lámparas que molesten a los actores, al equipo de cámara, o que puedan entrar en el encuadre

- Las sombras de los actores caerán al piso fuera de la cámara.

Se continúa con la ubicación de las luces de los fillings light.

Para una toma de plano general, el relleno se puede dividir en dos categorías: Relleno Localizado y Relleno Generalizado.

RELLENO LOCALIZADO

a) Cubre pequeñas áreas bien definidas del Plano General.

b) Se adapta bien a diseños de iluminación de low key.

c) Permite una relación de alto contraste y un equilibrio de exposición entre las tres áreas de la escena: el área anterior, el área de la acción, y el área posterior.

RELLENO GENERALIZADO

a) Cubre una gran área de la escena a filmar.

b) Se utiliza comúnmente en los diseños de iluminación de high key.

c) Disminuye las densidades de las sombras creadas por los keys.

d) Ilumina los detalles de las zonas anterior y posterior del área de acción.

Un procedimiento de iluminación de Relleno Generalizado usado por muchos Directores de Fotografía es conocido en la industria como la iluminación *Base*.

Algunos de los métodos para lograr la luz *Base*, son:

<u>Método 1</u>: Artefactos de luz amplios (abiertos) colgados en la parrilla de iluminación, y dirigidos hacia el cielorraso (si es blanco) o hacia un material blanco (madera, telgopor, tela blanca, etc.) colocado en el techo, de manera de reflejar la luz de forma pareja en todas las partes del Set. También pueden dirigirse directamente hacia el

set pero tamizando la luz con filtros difusores, o cualquier material blanco traslucido que suavice la luz

Método 2: Dirigir desde el cielorraso (parrilla de iluminación) artefactos soft light que generan una luz similar a la de los artefactos de luz reflejados sobre una superficie blanca expresada en el Método 1.

Una variante de este método sería: trabajar con artefactos de iluminación que no sean de luz suave pero filtrando la luz que llega al Set mediante filtros difusores, tela blanca, etc.

Método 3: Si no es posible contar con una parrilla de luces, los artefactos pueden ser dirigidos hacia el cielorraso desde los costados del Set, evitando que interfieran en el encuadre de cámara.

Pasos para balancear la luz Base con los keys:

a) Ubicar los keys cubriendo las áreas de acción de los personajes.

b) Ubicar los artefactos para la luz Base de acuerdo a lo explicado anteriormente, debiendo cubrir todas las áreas de la acción.

c) Medir la intensidad de la luz Base caminando por el Set y con la semiesfera del exposímetro para luz incidente apuntando hacia la posición de la cámara. Nivelarla en base a la intensidad preestablecida.

d) Encender los keys light y revisar su intensidad caminando por el Set y dirigiendo el exposímetro con la semiesfera de luz incidente dirigida hacia las luces, ajustando su nivel en base al ratio preestablecido.

Para las escenas de high key la iluminación Base debe estar a <u>1 f /stop ó 1/2 f/stop</u> por debajo del nivel de exposición elegido para el key light.

Para las escenas de low key, ajustar la luz Base <u>2 f/stop a 3 f/stop</u> por debajo del nivel de exposición elegida para el key light.

Los Fondos

Para iluminar una pared en un Plano General hay que tener en cuenta si las luces están colocadas en una parrilla para luces (los fondos pueden ser bien controlados), o si están ubicadas en soportes para lámparas. En este último caso los soportes de lámparas pueden restringir el encuadre por lo tanto se deberá ajustar la posición y altura de cada uno.

Las luces para el fondo colocadas en soportes para lámparas frecuentemente están dirigidas para rozar la pared trasera en un ángulo casi tangente a su superficie. Para emparejar su intensidad a lo largo de la pared puede utilizarse rejillas, o filtros neutros.

Para todos los diseños de iluminación debe tenerse en cuenta el color de las paredes, ya que producirán distintas reflectancias.

Para el caso de diseños de high key, las paredes blancas deberán estar iluminadas por lo menos <u>1 f/stop</u> por debajo de los keys ya que su reflectancia puede resultar incontrolable.

Las paredes oscuras deberán estar sobre iluminadas.

La mejor manera de registrar los fondos correctamente, es medirlos siempre mediante el sistema de luz refleja.

En las tomas de Plano General, la luz del kicker light no se usa a menos que la escena pida un efecto particular especial.

Los colores de las ropas de los personajes, como también el color de los fondos, generalmente agregan suficiente contraste para separar el sujeto y el fondo sin necesidad de agregar otras luces que generalmente se reservan para tomas más de cerca.

II
FILMACIONES EN INTERIOR

Estudio o Locaciones Reales

2 PLANO MEDIO

Es importante saber cómo registrar las tomas de Plano Medio que continúan a las tomas de Plano General:

A) Exposición: Para lograr una buena continuidad de iluminación deberá mantenerse la relación de exposición ratio radio de las áreas iguales que se verán tanto en los planos generales como en los planos medios.

B) Iluminación: La relación de iluminación de áreas más pequeñas tales como los rostros de los actores, podrán ser alterados levemente para revelar más detalles, para eliminar sombras indeseadas, para suavizar la imagen, para destacar el modelado, etc. Esto se realiza ajustando la cantidad del filling light.

No ocurre lo mismo con los keys light cuya intensidad y dirección debe permanecer constante para mantener el *"estilo"* de iluminación, y por lo tanto el ratio y el radio.

Ejemplos de Iluminación y Exposición:

A) Plano Medio de dos sujetos a diferentes posiciones, y distancias de la cámara.

En este tipo de tomas, especialmente si hay mucho movimiento, los keys light deberán estar tan altos y tan lejos de los sujetos como sea posible.

Cuanto más lejos de la fuente de luz más libertad de movimientos tendrán los sujetos sin crear dificultades con la caída de la luz.

Si ambos sujetos están iluminados por un mismo key light la caída de intensidad entre los dos personajes puede variar por lo menos 1 f /stop.

Soluciones posibles:

<u>Solución 1</u>: Si la distancia entre los personajes y la luz se aumenta, se disminuye la caída de intensidad dentro del área incluida en el plano.

<u>Solución 2</u>: Colocar una media scrim o un filtro neutro de manera que la luz caiga pareja en ambos personajes.

<u>Solución 3</u>: Utilizar keys múltiples (1 key para cada personaje). De esta manera, se puede controlar la luz en forma individual para cada personaje.

B) Plano Medio de sujetos con distinto tono de piel.

En el caso de tener que mezclar tono piel clara y tono piel oscura la mejor manera es iluminar con keys múltiples ya que permite iluminar de distinta manera los rostros pués entre ambos puede existir gran diferencia de reflectancia.

La medición de la luz refleja sobre los rostros resulta la mejor manera para conocer cuáles son las diferencias e iluminar en base a cada tono de piel.

Tener en cuenta que el tono de piel más claro reflejará más luz que el tono de piel oscura.

C) Varios actores se mueven en el plano.

La presencia de numerosos actores en el plano no indica que sean usados los mismos diseños de iluminación para todos ellos. El Fotógrafo puede optar por algo de variedad y utilizar distintos diseños de iluminación para cada actor o grupos de los mismos.

Ubicación de los keys Light

En general los keys light deberían estar ubicados lo más alto posible para que las sombras caigan al suelo, fuera de las paredes del decorado y de la vista de la cámara.

Las fuentes motivadoras determinaran la direccionalidad de las sombras.

En el caso de existir una fuente de luz bien definida en el decorado, por ejemplo: una ventana, las sombras de los personajes que se verán en el plano deberán venir de la misma dirección general (desde la supuesta ventana).

Ubicación de los Filling Light

En un plano medio generalmente se utiliza un solo filling light para todos los personajes aun cuando se esté utilizando keys múltiples.

Algunos fotógrafos prefieren optar por fillings múltiples sabiendo que deberán trabajar arduamente para eliminar las sombras que estos producirán.

El fotógrafo determinará los artefactos de Iluminación que utilizará como relleno. Una alternativa es usar grandes soft light.

Si este tipo de artefactos de luz llevara a producir demasiado-dispersión de luz podrá optar por luces difusas más direccionales, que producirán sombras más duras.

El filling light se ubica frecuentemente cerca de cámara y a una altura no mayor que los sujetos. En esta posición puede disminuir el contraste de todos los personajes dentro del plano.

Debido a la ubicación habitual del filling light al lado de cámara, las sombras que produzca generalmente caerán detrás de los actores y sobre el fondo.

Para evitar esas sombras, se recurre a:

a) Hacer difuso el filling light.

b) Alejar al sujeto del fondo.

c) Si el personaje no puede alejarse del fondo mover el relleno tan cerca del sujeto como sea posible.

d) Corregir la angulación del filling light tanto como sea posible, algo más picado.

e) Elegir un ángulo de cámara diferente tomando áreas en donde el fondo esté libre de sombras indeseables.

Los Fondos en los Planos Medios

La iluminación de los fondos, su color, reflectancia y relación con los sujetos se determina en los Planos Generales de manera que al pasar a los Planos Medios estos deberán mantener dichos parámetros para que exista continuidad de iluminación. Además, deberá mantenerse la misma exposición para ambos tipos de planos.

El kicker light ilumina a los personajes desde atrás separándolos y enfatizando aún más el contraste de la toma.

La intensidad de esta luz es un tema importante ya que es necesario colocar la cantidad justa de luz para no modificar el sentido creativo de la toma y que resulte creíble a la vista. Su intensidad deberá estar ligeramente por encima de las demás luces y deberá ser mantenida y reproducida en todas las tomas de esa escena para lograr la necesaria continuidad. El fotógrafo determinará, para cada caso, que intensidad deberá tener finalmente esa luz.

Algunos pasos para lograr una luz creíble:

Paso 1: Colocar la luz detrás del sujeto observando desde el mismo ángulo de cámara la posición de la misma.

Paso 2: Desde el sujeto medir dicha luz en forma incidente. Colocar su intensidad a por lo menos 1 f./stop sobre la exposición de cámara. Esta relación de 2:1 lucirá un efecto de luz moderado y natural.

Paso 3: Para interpretar mejor la intensidad del kicker light el fotógrafo debería observar la escena, desde el punto de cámara, a través de un viuwing glass con el cual podría visualizar el contraste que tendría dicha luz en la película.

III
FILMACIONES EN INTERIOR

Estudio o Locaciones Reales

3 PRIMER PLANO

Al pasar de un Plano General o de un Plano Medio a un Primer Plano se debería mantener la misma dirección de la luz, la misma calidad, y el mismo Ratio y Radio para mantener la continuidad de iluminación.

Ubicación del key Light

- Mientras el personaje permanezca más o menos en una posición similar, no se deben alterarse sustancialmente las direcciones de keys light y fillings light.

- El key light es la luz que generalmente provee la mayoría de la iluminación del sujeto.

Tres factores influencian su posicionamiento en las tomas cercanas:

1) Modelado facial: Los keys light se coloca en posición, mantendo las demás luces apagadas. Para un modelado facial atractivo se dirigen desde una posición elevada.

Los Primeros Planos interesantes son creados por pequeñas sombras echadas directamente debajo de la nariz, o hacia los costados, por las marcas de la sonrisa.

La calidad de luz de los keys light puede alterarse haciéndola difusa, mediante filtros, o haciendo feathering con el key light.

La intensidad final del key light será en base al ratio establecido. De ello dependerá también la intensidad del filling light.

2) Ambiente de iluminación: El ambiente de iluminación es la *atmósfera* o sentimiento de la escena, creado por el diseño de iluminación. Es decir, depende del ratio y del radio.

A pesar de que la ubicación de los keys light se realiza en los planos largos, es una práctica común reajustar en algo los mismos al pasar a planos cortos con el objetivo de lograr más detalle y promover modelado.

3) Fuente Motivadora: La dirección del key light está regida por estas luces las cuales determinan el diseño de iluminación final.

Ubicación de los Fillings Light

Como expresáramos anteriormente, el filling light rellena las sombras que produce el key light y su ubicación es frente al sujeto, cerca de la cámara, con la luz cayendo sobre el sujeto desde un ángulo cercano al nivel visual del mismo. Su utilización permite:

a) Lograr el ratio deseado.

b) Ayuda a crear el *ambiente* de la escena.

c) Mantener la continuidad de iluminación dentro de una misma escena.

Tipos de artefactos utilizados:

- Soft Light: Se utilizan para las grandes áreas que deben ser iluminadas con un bajo contraste, es decir que la luz generada por el filling light se acerca a la del key light.

- Spot de Enfoque Difuso: Se utilizan cuando el relleno debe ser exacto y controlado con precisión, sin desparramo excesivo de la luz.

Los Fondos en el Primer Plano

Para evitar las sobras que generan en los fondos detrás de los personajes, realizar lo ya expresado en el Plano Medio para este mismo tema. La luz del kicker light se utiliza para despegar al sujeto del fondo.

Se dirige un spot enfocado hacia el fondo o hacia el costado del sujeto desde una posición que produce una reflexión especular controlada, que da una luz de contorno a toda la forma del sujeto. Su valor lumínico se relacionará con el key light y dependerá del color de la ropa del personaje, y del diseño de luz planteado.

Esta luz no siempre figura en un diseño ya que en general se busca justificar su presencia. Además, es una luz que puede comprometer al equipo de rodaje porque estando de frente puede entrar luz en cámara generando un efecto de luz no deseado (flare).

Es de mucha utilidad utilizar un viewing glass que permite vislumbrar (previsualizar), el contraste que tendrá la imagen terminada.

En el hair light el valor lumínico dependerá del color de cabello del sujeto. Si es de cabello claro su valor deberá ser menor que si su cabello es oscuro. En el caso de sujetos sin cabello esta luz debe ser controlada minuciosamente. Para evitar esos brillos incontrolables se puede recurrir a filtros difusores, neutros, maquillaje, etc.

IV
DISEÑOS BASICOS DE ILUMINACION EN INTERIOR

Estudio o Locaciones Reales

En la mayoría de las escenas de interiores que incluyan planos cortos, medios y largos los fotógrafos utilizan los siguientes diseños:

A ILUMINACIÓN AMPLIA

B ILUMINACIÓN ANGOSTA

C ILUMINACIÓN FRONTAL

D ILUMINACIÓN LATERAL

E ILUMINACIÓN MOTIVADA

A ILUMINACION AMPLIA

Este diseño de iluminación se utiliza en las escenas de *hight light* para iluminar interiores de luz día. También se utilizan en escenas de interior tales como iluminadas con tubos fluorescentes cenitales, etc.

Estos diseños son de bajo contraste (ratio) y se inscriben dentro de los diseños de *luz brillante*. También se denominan *en cámara* debido a que los keys light iluminan la parte del rostro del sujeto que está más cercano a la cámara.

Plano General

Pasos a seguir para iluminar las tomas de Plano General:

Paso 1: Colocar los keys light cercanos al cielorraso en un ángulo paralelo al movimiento del sujeto, al lado de cámara.

En esta posición de ángulo frontal, estas luces proveen contraste y modelado para el sujeto. Además, el sujeto tendrá poca sombra y por lo tanto contraste bajo, creando un ambiente con poca profundidad. La mayoría de las áreas que rodean al sujeto estarán iluminadas.

Paso 2: Colocar las viseras de los artefactos de luz horizontalmente para desparramar la luz sobre áreas grandes, alrededor del sujeto.

Paso 3: Colocar un filling light cercano a cámara, del lado opuesto del key light, al nivel de los ojos del sujeto. Verificar el diseño ya que muchas veces no es necesario colocar esta luz en los planos pues el key light suele cubrir ambas áreas del rostro de los personajes, generando el contraste buscado.

Primer Plano

Para iluminar un plano corto, seguir los siguientes pasos:

Paso 1: Enfocar con el key light la zona del rostro del sujeto que está más cercana a la cámara de manera de echar un triángulo de luz sobre el lado oscuro del rostro, remarcando el pómulo y echando la sombra de la nariz en una posición casi invisible, al lado de la línea de la sonrisa.

Paso 2: Colocar el filling light al lado de cámara, del lado opuesto del key light, y al nivel de los ojos del sujeto para controlar el ratio del diseño. Esta luz no debe generar sombras sobre el sujeto.

Paso 3: Las sombras del key light deberá mantenerse tan baja y fuera de encuadre como sea posible.

El fotógrafo deberá tratar de limitar el número de sombras densas por sujeto, dejando una sola por cada uno. Para lograrlo, el key light o los keys light deberán ser colocados muy cerca del sector en donde estará el sujeto.

Paso 4: Cuando hay cielorrasos muy bajos, dirigir las luces desde allí quizá produzca una gran caída notable de intensidad sobre todo lo largo del sujeto. Para evitarlo, se podrá recurrir a lo siguiente:

a) Colocar rejillas o filtros neutros sobre parte de los artefactos de luz, a fin de emparejar la luz sobre los personajes.

b) Modificar los ángulos de cámara.

c) Cambiar el diseño de iluminación cuando no hay posibilidades de modificar la situación generada por las sombras

Paso 5: Para escenas de oficina, por ejemplo, la utilización de soft light o spots de enfoque difuso proporcionarán pocas sombras, generando una iluminación de ambiente realista.

(Ver ilustración 1)

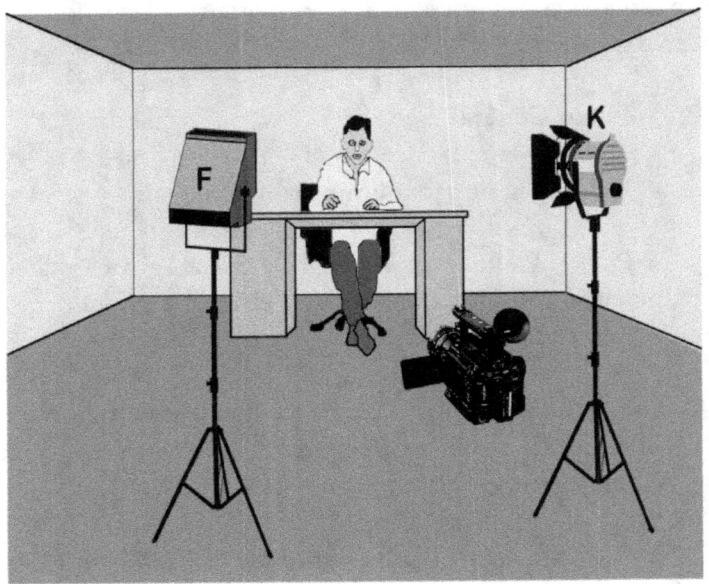

K: Key Light
F: Filling Light

Ilustración 1: ILUMINACIÓN AMPLIA

B ILUMINACION ANGOSTA

En estos diseños de iluminación, a la inversa del diseño anterior, se producen ratios más marcados, con grandes áreas de sombras.

Esta iluminación se la relaciona con el *low key*. También se la denomina iluminación *off cámara* (fuera de cámara) debido a que los keys light iluminan la parte del rostro del sujeto que está más lejos de cámara, es decir que mantiene en oscuridad el lado del sujeto más cerca de cámara.

Plano General

Pasos a seguir para iluminar tomas largas:

Paso 1: Colocar los keys light paralelos al área y al costado alejado del sujeto, normalmente entre el actor y el fondo, y tan cerca al cielorraso como sea posible.

Paso 2: El key light debería rozar el cuerpo y el rostro del actor echando un triángulo de luz sobre su lado oscuro en forma parecida a la iluminación de Primer Plano.

Esta luz debe estar bien dirigida al sujeto, sin afectar en ningún momento al fondo.

Paso 3: Colocar banderas en los artefactos de luz en forma vertical para limitar el desparramo de luz en todo el Set.

Paso 4: Colocar un filling light, del lado opuesto de cámara y a la altura de la vista del sujeto, para generar el contraste que el fotógrafo haya propuesto.

Esta luz se utilizará si el contraste producido por el key light sólo está por encima de lo deseado.

Paso 5: Controlar y balancear la luz del fondo separadamente, sin interferencia de las demás luces. Esto facilitará la obtención del diseño.

Primer Plano

Paso 1: Colocar el key light bien alejado y sobre el sujeto, para que produzca un triángulo de luz sobre el lado oscuro del sujeto que está más cerca de cámara. Esta luz debería estar de frente al sujeto y en un ángulo que evita que el puente de la nariz eche una gran sombra. Bien colocado hará que el sujeto tenga libertad de mover su cabeza sin formar sombras indeseables sobre el lado oscuro de su rostro.

Paso 2: Colocar el filling light cerca del nivel de la vista del sujeto, cerca de cámara, y del lado opuesto al key light.

Así, como en planos largos el filling light a veces no es necesario, en los planos cortos es indispensable ya que la proximidad de la cámara al sujeto compromete al fotógrafo a tener más cuidado y lograr detalle en la iluminación de los rostros de los actores.

Paso 3: El key light deberá estar bien dirigido al sujeto de manera que no afecte a los fondos.

Paso 4: A veces es necesario colocar un kicker light sobre el personaje. Esta luz deberá controlarse fotométricamente y en lo posible visualizarla previamente mediante un visor viewing glass desde la posición de cámara.

Esta luz deberá controlarse fotométricamente para lograr el radio propuesto. De ser necesario deberá iluminarse el fondo por separado.

Paso 5: Al pasar de Planos Generales a Planos Medios y Primeros Planos, se deberá mantener el mismo ratio y radio como así también mantener, en lo posible, la misma exposición de cámara. Esto es importante para mantener la tan ansiada y necesaria continuidad fotográfica por parte del director de fotografía. Sólo en los planos muy cortos el fotógrafo trabajará sobre el contraste en los rostros de los personajes, generalmente disminuyéndolos, para lograr estéticamente más detalle en los mismos.

(Ver ilustración 2)

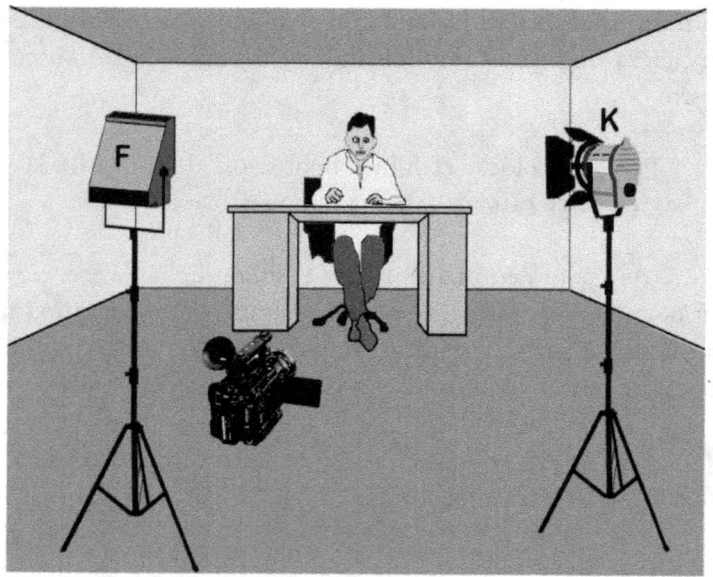

K: Key Light
F: Filling Light

Ilustración 2: ILUMINACIÓN ANGOSTA

C ILUMINACION FRONTAL

Los diseños de Luz Frontal se asemejan a la calidad y la dirección de la iluminación que provendría de lámparas de interior colgantes, es decir, iluminación cenital.

Este diseño de luz se adapta tanto para los efectos de *high key* como de *low key*.

Plano General

Para este diseño de iluminación, los pasos a seguir son:

Paso 1: Colocar el key light en el cielorraso e iluminar al sujeto, hacia el frente, en un ángulo de aproximadamente 45°. Sólo se debe iluminar el área de acción del sujeto.

Paso 2: Tal vez el fotógrafo recurra a un filling light.
En ese caso su intensidad dependerá si el diseño es *high key* ó *low key*.

Esta luz suele ser muy útil para suavizar las sombras en los ojos de los personajes.

Paso 3: Tener cuidado con los fondos los cuales deberían estar iluminados por separado, sin la influencia del key light.

En los *low key* es muy creativo iluminar el fondo alternativamente, de manera que el personaje se mueva en círculos de luz y sombra. Por ejemplo, cuando el personaje recibe la luz del key light, dejar el fondo en penumbra y cuando no recibe la luz del key que se mueva por fondos más claros logrando de esa manera mucha profundidad y perspectiva.

Primer Plano

Paso 1: Colocar el key light al frente, arriba, y sobre el sujeto de manera de iluminar ambas partes del rostro al mismo tiempo. Esta luz deberá producir una pequeña sombra debajo de su nariz y cuello.

Paso 2: Dirigir un filling light difuso o filtrado, justo arriba de la montura del lente de la cámara. Deberá dirigirse a la altura de la vista del sujeto y producir un ratio suave. Esta luz ayuda, además, a suavizar la sombra que se produce en los parpados y ojos de los personajes.

(Ver ilustración 3)

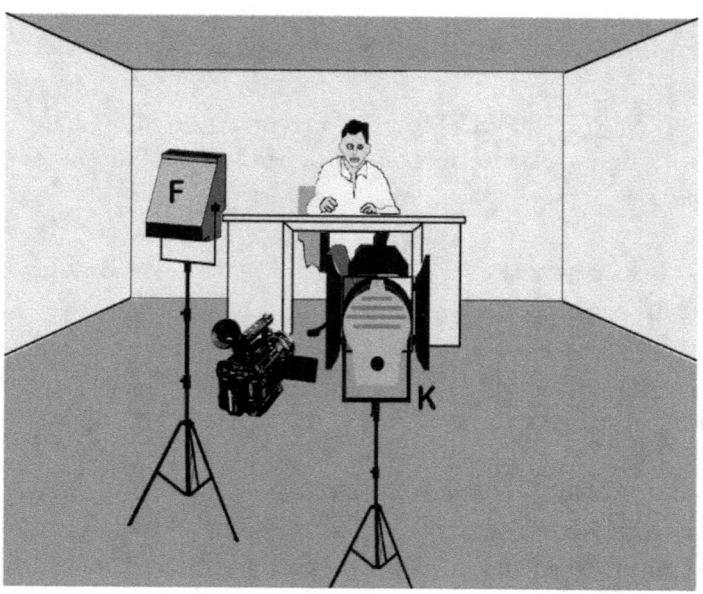

K: Key Light
F: Filling Light

Ilustración 3: ILUMINACIÓN FRONTAL

D ILUMINACION LATERAL

Estos diseños, denominados en ingles *cross key*, se utilizan generalmente para duplicar el realismo de los keys light y luces direccionales de fuentes naturales de luz, tales como la iluminación difusa de una ventana o la luz del sol.

En estas situaciones de luz sólo una parte del rostro del sujeto es iluminado, el otro costado queda en sombra y recibirá luz cuando éste gira su cabeza hacia la fuente de luz.

Algunos ejemplos, son:

a) Con grandes soft light se puede simular las condiciones naturales de los interiores iluminados por la luz día de una ventana.

b) Los spots de enfoque especular son ideales para simular la luz de un interior duro, por ejemplo sol directo que entra por la ventana, lámparas de mesa a nivel de los ojos, y fuentes exteriores como ser luces de calle, luces de una galería, etc.

Plano General

Paso 1: Colocar la luz del key light de costado al sujeto, en el área de la acción a desarrollar. Debe estar en un ángulo cercano al nivel de la vista del mismo.

En los planos largos es probable que los keys light montados sobre pie de lámparas entren en cuadro, entonces deben alejarse del sujeto. Esto puede llevar a que se produzca una gran caída de intensidad, especialmente si se están utilizando soft light.

Algunas soluciones, son:

a) Usar los soft light en soportes de lámparas pero solicitando a cámara que reduzca el tamaño del plano para que las luces puedan ser acercadas lo más posible a los personajes.

b) Colocar los soft light arriba y mantener las características direccionales de la fuente natural pero utilizar keys multiples de manera que cada soft light se una al siguiente para evitar puntos muertos y caída de luz entre ellos.

c) Cambiar los soft light por fuentes de luz más espectaculares y de mayor intensidad para poder alejarlas sin que se produzca caída de intensidad.

Primer Plano

<u>Paso 1</u>: Ubicar el key light para que caiga bien sobre el sujeto desde un ángulo aproximado de 90 grados.

<u>Paso 2</u>: Colocar un filling light bien en frente del sujeto, y a la altura de su vista. Esta luz debe caer en el costado del rostro que no recibe el key light. Conviene que el relleno sea bien suave.

Otros ejemplos, son:

a) El diseño *luz lateral* se puede lograr utilizando un key light como luz principal y como filling light un artefacto de igual calidad y diseño. El primero determinará la exposición de cámara, y el segundo permitirá obtener el ratio deseado.

b) Este diseño de luz es muy utilizado en televisión, noticieros y programas de entrevistas, en donde se utilizan dos key light colocados bien arriba, uno a cada lado de cámara, y cada uno a 45º del frente del sujeto.

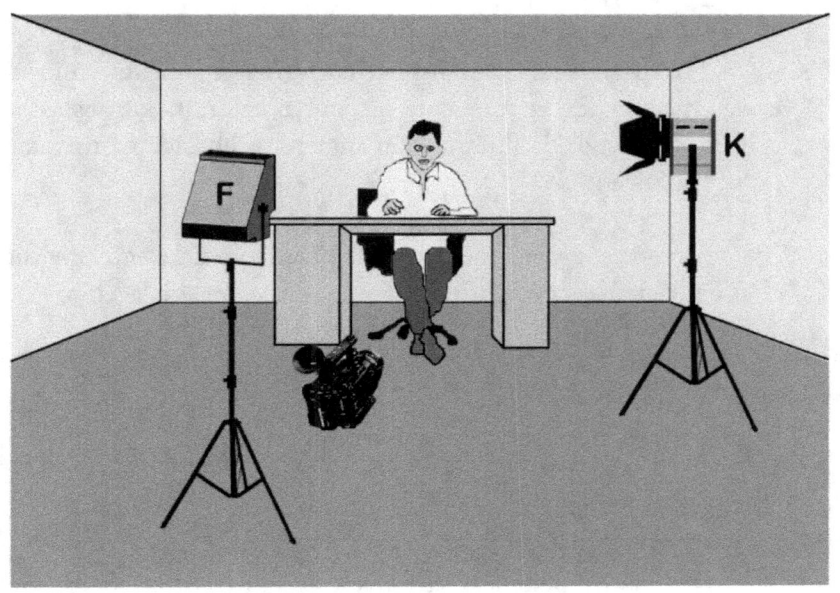

K: Key Light
F: Filling Light

Ilustración 4: ILUMINACIÓN LATERAL

E ILUMINACION MOTIVADA

Los diseños de *Iluminación Motivada* son aquellos en los cuales las fuentes de luz reales, de interior o exterior, son vistas en el plano, o el diseño de iluminación sugiere su ubicación aun cuando no se visualicen.

Este diseño es el método más práctico para elegir una dirección en la cual el key light deberá iluminar el área de acción.

Los *practicals* son ejemplo de fuentes motivadoras, todos ellos vistos en el cuadro. Pueden ser veladores u otros artefactos de luz de mesa, de piso, de pared, candelabro con velas, etc.

Plano General

Los Planos Generales iluminados con practicals generalmente dependen de dos factores que son controlables:

1) Relación de iluminación entre el practical y el key light:

Para que la iluminación aparezca como natural, por ejemplo si los practicals fuesen veladores con pantalla traslucida, los valores lumínicos de sus pantallas —medidos mediante el sistema de luz refleja— no deberían estar <u>1 1/2 f/stop o 2 f/stop</u> por encima de la luz del key light. De esta manera, los veladores no aparecerían sobreexpuestos y se notaría el detalle de las pantallas. Por supuesto, el fotógrafo puede optar por sobreexponer los mismos en base a un "look" determinado.

2) Relación de iluminación entre el practical y el fondo:

La iluminación creada por algunos practicals sobre la pared, por ejemplo veladores con pantallas traslucidas, debe notarse y debería ser de una relación de por lo menos un 4:1 con respecto a la zona de sombra. En este tipo de veladores la parte oscura de la pared se denomina bowtie (moño) debido al dibujo que genera el practical en la misma.

Con respecto a la lámpara que se coloca en los practicals, por ejemplo veladores con pantalla traslucida, deben tener suficiente valor lumínico para generar el moño sobre la pared pero a la vez evitar que se sobreexponga la pantalla. A veces se cubre con un filtro ND la parte de la pantalla que registra la cámara, dejando sin filtro la parte que da en la pared.

La luz de los practicals agregan algo de iluminación sobre los personajes y su entorno pero muchas veces es insuficiente por lo que se recurre a colocar una luz al lado del practical, y desde un ángulo similar.

Primer Plano

Como en el caso del plano largo, en un plano corto se deberá tomar las mismas consideraciones respecto a los practicals y su intensidad lumínica.

Las pantallas traslucidas deberán estar iluminadas por encima del key light para lograr el realismo necesario pero no se deberá sobreexponer las mismas para que no aparezcan *quemadas*, como se dice en la jerga fotográfica.

En los planos cortos, el fotógrafo podrá modificar levemente la posición que tenían las luces dirigidas desde los costados de los practicals. Por supuesto, en favor de la tan ansiada continuidad lumínica, esas variaciones no deben modificar el diseño de iluminación planteado, manteniendo el mismo ratio, el mismo radio, y el mismo f/stop de cámara.

V
EJEMPLOS DE DISEÑOS DE ILUMINACION EN EXTERIOR DIA Y NOCHE

A) EXTERIOR DÍA CON MEZCLA DE SOL Y SOMBRA

Al registrar escenas que incluyen grandes aéreas de sol/sombra a la vez, el contraste puede ser muy grande y a veces superar un ratio 64:1. Si se da esta situación y el personaje principal está en la sombra pero se incluye en la toma zonas de sol (fondos), se puede recurrir a distintas soluciones:

Solución 1: Tomar una lectura en forma incidente en el área de sol, y abrir el diafragma de 1/2 a 2/3 f/stop de la medición fotométrica. Esta solución solo se podría utilizar cuandola diferencias fotométrica entre luz y sombra no es demasiada grande, de esa manera se aclara un poco las sombras (sin llegar a sobreexponerlas), e inscribir mejor las altas luces.

Solución 2: Tratar de agregar luz en el área de sombra de manera de disminuir el contraste existente.

Algunas alternativas, son:

a) Rellenar la zona de sombra con pantallas reflectoras de distintos materiales reflectantes, tales como: telgopor, materiales de aluminio liso o corrugado, espejos cruzados para evitar la reflexión especular, etc.

b) Rellenar la zona de sombra con lámparas tungsteno halógeno filtradas con filtros conversores CTB Full para convertir la luz tungsteno a luz día.

c) Rellenar la zona de sombra con lámparas de descarga, tales como HMI (5500º K).

<u>Solución 3</u>: Bajar la cantidad de luz del área de sol de manera de bajar el contraste general. Una solución sería bajar el contraste mediante pantallas difusoras colocadas para cubrir el área de sol. Los materiales pueden ser: filtros difusores de gelatina, lienzo blanco, nylon, tul, etc.

<u>Solución 4</u>: Si no resulta ninguna de las soluciones planteadas, u otras similares, tal vez el director de fotografía proponga al director la necesidad de tomar la acción de un personaje en un área en donde la luz, sol o sombra, sea más uniforme. Esta sabe ser una buena solución en función de la disponibilidad del parque de luces y de otras necesidades de la producción.

<u>Aclaración</u>: Las soluciones propuestas pueden utilizarse de una manera individual, o combinada.

B) EXTERIOR DÍA CON EL PERSONAJE UBICADO SÓLO EN LA SOMBRA

La sombra está constituida por la luz del día con poco componente de luz del sol, solamente reflejada, de manera que la temperatura de color puede elevarse enormemente produciendo tomas con dominante azul tanto en los personajes como en los objetos y los fondos.

Algunas soluciones, son:

Solución 1: Medir la temperatura de color en la zona de sombra, utilizando un termocolorímetro. De esta manera se puede saber cuál es la temperatura de color existente y que filtro se deberá utilizar en cámara para *calentar* la imagen, es decir bajar la temperatura de color.

Solución 2: Utilizar lámparas tungsteno halógenas a 3200º K; o arco de mercurio (HMI), arco de carbón (Brutos), etc. de 5500º K filtradas con filtros conversores CTOFull para bajar la temperatura de color de las mismas y de esa manera lograr el calentamiento deseado en la imagen.

Solución 3: Utilizar pantallas reflectoras con material reflectante de color dorado.

Aclaración: Las soluciones propuestas pueden utilizarse en forma individual o combinada de manera de poder dominar estas situaciones de luz que resultan muy comprometedoras para los profesionales de la fotografía.

C) EXTERIOR DÍA CON EL PERSONAJE UBICADO SÓLO EN EL SOL

Al filmar en exterior a la luz del sol, el margen de luminancias del personaje puede ser muy grande. Este diseño de iluminación, con alto contraste, es más fácil de tolerar en un plano largo.

Plano General

En los planos generales tal vez sea difícil poder bajar demasiado el contraste alto, ya sea dirigiendo pantallas reflectoras o artefactos de luz que estarían demasiado lejos por el tamaño del plano.

Los colores faciales y el contraste no es tan molesto en este tipo de planos. No ocurre lo mismo en los planos cortos en donde el equilibrio de color y el contraste es más crítico.

Primer Plano

En estos planos el tamaño de los rostros es mayor y el espectador tiene la posibilidad de observar más errores, tanto en la puesta de luces como en el diseño estético final. El director de fotografía deberá recurrir a la utilización de un filling light para bajar el contraste. Dicho artefacto deberá ser dirigido directamente sobre el sujeto y bien frontal. Esta luz no afectará al fondo que permanecerá con la misma densidad y color que en los planos más largos. La exposición de cámara deberá ser la misma. El mismo f/stop que el utilizado en el plano largo asegura la continuidad lumínica de la escena.

Para establecer el ratio, tanto en el plano largo como en el corto, el fotógrafo recurrirá al sistema de medición fotométrico que este acostumbrado a utilizar, ya sea por el sistema de luz incidente, luz refleja, o combinados.

La intensidad del filling light dependerá del valor lumínico del key light. La relación entre ambas luces determinará el ratio final del diseño.

El Filling light puede ser logrado de varias maneras:

a) Reflexión del sol en pantallas reflectoras de distintos materiales: pantallas blancas, aluminio corrugado, material dorado, etc.

b) Lámparas tungsteno halógeno (3200º K), filtradas con filtro conversor CTBFull. Es conveniente utilizar un termocolorímetro para determinar con más exactitud el filtro necesario.

c) Lámparas arco de mercurio, lámparas arco de carbón, etc., balanceadas para luz día (5500º K).

D) EXTERIOR NOCHE POR NOCHE

Referirnos a *exterior noche por noche* significa la filmación de escenas nocturnas, registradas al ponerse el sol o en horas del anochecer.

Este tipo de escenas están dentro de los diseños de iluminación denominados de *low key* y la característica principal es el gran contraste, la abundancia de sombras, y las manchas de luz provenientes de los practicals y demás fuentes de luz.

La *Iluminación Lateral* es la mejor para este tipo de escenas, en donde el key light provendrá de un ángulo aproximado de 90º del eje personaje cámara.

Generalmente la mejor película para estas escenas es aquella de alta sensibilidad, y equilibrada para luz tungsteno (3200" K).

En situaciones de extrema penumbra, el director de fotografía podrá recurrir a lo siguiente:

<u>Caso 1</u>: Película de alta sensibilidad. Esto permitirá trabajar con menor parque de luces y diafragmas más cerrados, logrando mejor definición y mayor profundidad de campo.

<u>Caso 2</u>: De no contar con película de alta sensibilidad, podrá recurrir a "forzar" (Pushing) la sensibilidad de la película existente, sabiendo que aumentará el contraste, el grano y el nivel de velo.
Por ejemplo: Una película de 200/24º ISO trabajarla a 800/30º ISO o más.

<u>Caso 3</u>: Recurrir a ópticas más *rápidas*, es decir de mayor abertura que la normales. Por ejemplo: ópticas 1:1 o similares.

<u>Caso 4</u>: Someter la película a *flashing*.

Al igual que el *forzado* se logra aumentar la velocidad de la película (mayor sensibilidad). La diferencia mayor es que con el *flashing* se logra disminuir el contraste que se eleva mucho con el *forzado*.

<u>Aclaración</u>: Se podrá combinar los materiales y las ópticas, por ejemplo: película de alta sensibilidad con ópticas rápidas.

Plano General y Primer Plano

En una toma larga se incluyen los practicals, tales como lámparas de calle, que generalmente están bastante altas por lo que deberá reforzarse con luces separadas, desde el mismo eje y dirección, que serán las que produzcan las manchas de luz que los practicals por sí solos no podrán generar. Además, se pueden cambiar las lámparas de los practicals por otras de mayor potencia. Los artefactos de luz a utilizar serán unidades de enfoque especular para producir una luz puntual y dura.

Los luces key light se colocan para cubrir el recorrido de los personajes. Será necesario un filling light de mucha potencia dada la distancia desde donde se dirigirá. Puede colocarse material de difusión sobre el artefacto para suavizar la luz. Sin embargo, la luz de relleno es más útil en los planos cortos.

Mientras los planos largos crean el ambiente de penumbra, los planos cortos pueden ser rellenados después para resaltar los detalles de los personajes.

Para los fondos se podrá separar a los personajes de dos maneras: iluminando el fondo o iluminando el contorno del personaje.

A) <u>Iluminando el fondo</u>: Un practical colocado a nivel de la vista del personaje provee suficiente iluminación para iluminar el fondo y separar al personaje.

Si el fotógrafo verifica que la luz producida por el practical es insuficiente, podrá agregar una luz suplementaria, fuera del encuadre, desde la misma dirección y angulación que el practical. Esta luz podrá iluminar un área más grande de acuerdo a la necesidad.

Un ejemplo realista es aquel en donde la luz que producen el practicals y su luz suplementaria es 2 f/stop por encima del key light.

Puede ser necesario que la reflectancia del fondo esté por debajo de la luz principal en cuyo caso deberá estar por lo menos 2 f/stop más abajo, para mantener el criterio de penumbra.

Otro recurso importante es iluminar los ventanales de edificios circundantes, que entran en el encuadre, para crear más realismo debiendo estar estas luces 1 f/stop o 2 f/stop por encima de la exposición de cámara.

B) Iluminando el contorno del personaje: Este criterio consiste en agregar luz que contornea el fondo o costado del personaje. Esto permite agregar separación personaje/fondo.

Las luces que más aportan a esa separación son los spot de luz especular (dura y dirigida) ya que en los planos largos están a gran distancia, fuera del encuadre.

A modo de ejemplo, una manera de medir la intensidad de estas luces es mediante el sistema de luz incidente, con el lumidisco o lumiesfera del exposímetro dirigido directamente a la luz de contorno y colocando su valor por lo menos 1 f/stop por encima de la exposición de cámara.

Filmando en contra de fondos muy brillantes, tales como vidrieras de negocios, la iluminación del fondo o del contorno del personaje es reemplazado por el fondo real.

Algunas maneras de trabajar en este tipo de situación, son:

Método 1: NO UTILIZAR LUCES.

Con este método el sujeto en los planos largos aparecerá en silueta y en los planos medios y cortos tendrá una iluminación suave por los practicals dentro de la vidriera.

Colocar la exposición de cámara de manera que el fondo (en este caso la vidriera) esté sobreexpuesto 1 f/stop. Esto provee realismo.

En los planos cortos, en donde el fondo se elimina en gran parte, el fotógrafo podrá variar la exposición de cámara abriendo el diafragma entre 1/2 f/stop y 1 f/stop. Con ello logrará más detalle en el rostro del personaje en detrimento de modificar algo la continuidad lumínica.

Método 2: ILUMINAR SOLO LOS PRIMEROS PLANOS.

Con este método el personaje en Plano General aparecerá como una silueta (contraluz) y en los planos cortos agregar una luz lateral un spot de enfoque controlado cuya temperatura de color esté corregida para ser similar a la luz de la ventana del fondo.

Método 3: ILUMINAR EL PLANO GENERAL Y EL PRIMER PLANO.

De los tres métodos este es el que más se utiliza ya que ofrece mayor control sobre la luz en el frente, y en el fondo.

Todas las luces que se utilicen deben tener la misma temperatura de color que la luz del fondo (en este caso la vidriera), salvo que se plantee alguna de las luces como proveniente de otra fuente, tal como luz de la calle, letrero luminoso, etc.

El director de fotografía deberá medir la luz del fondo, y esa será la luz principal (key light). Toda luz que agregue para reforzar la luz principal deberá tener la misma intensidad y temperatura de color.

En los primeros planos podrá agregar un filling light para dar más detalle sobre el rostro del personaje, y suavizar los grandes contrastes que se producen en este tipo de diseño lumínico.

E) EXTERIOR DÍA POR NOCHE (Noche Americana)

Se denomina *noche americana* al diseño de iluminación que se realiza de día pero que mediante filtros, la exposición en cámara, y la dosificación del material negativo en la postproducción, se logra un diseño nocturno.

Para este diseño no hay fórmulas fijas. El fotógrafo que recurra a este artificio deberá seguir algunas pautas establecidas y posteriormente realizar pruebas en la preproducción para establecer la mejor manera de realizar el efecto.

Los pasos sugeridos, son los siguientes:

<u>Paso 1</u>: Subexponer el material sensible en <u>1 1/2 f/stop</u> o más para oscurecer la imagen.

<u>Paso 2</u>: Si se trabaja con película balanceada para luz tungsteno (3200º K), conviene utilizarla sin filtro conversor para que la imagen salga con dominante azul, que ayudará en la clasificación de luces final. En video, el mismo efecto se logra haciendo el balance de blancos para luz tungsteno (3200ºK).

<u>Paso 3</u>: Corregir las luces en el Video Analizador (etalonaje) y/o en el ordenador si se ha digitalizado la imagen de manera de lograr el efecto buscado.

VI
EJEMPLOS DE DISEÑOS DE ILUMINACION EN INTERIOR DIA Y NOCHE

A) INTERIOR/EXTERIOR DÍA

En este diseño de luz, en donde en el plano se divisa un interior y un exterior día, el director de fotografía deberá realizar varias tareas para lograr el equilibrio de color y exposición.

El tipo de película que se usará, balanceada para luz día o luz tungsteno, o el balance de blancos que realizara en la cámara de video determinará los diseños de luz y los filtros y accesorios a utilizar.

Algunas de las opciones para equilibrar la luz, son:

a) Equilibrar o balancear toda la luz para luz de tungsteno para lo cual deberá utilizar lámparas balanceadas para 3200º K sin filtros, y filtrar la luz día de la ventana con un filtro conversor CTO Full. Esta es una de las formas más utilizadas para balancear la luz ya que permite utilizar todo el parque de luces a plena potencia, es decir, sin disminuir su potencial con ningún filtro.

Una vez convertida la luz de tungsteno es probable que al medirla fotométricamente la luz que sigue entrando se sobreexponga, apareciendo lavada en la imagen. Se puede recurrir a los filtros ND que pueden utilizarse solos o combinados con el filtro CTO Full.

Se deberá establecer la cantidad de luz que hay en el interior a filmar, luego medir la luz que entra por la ventana (ya filtrada) y establecer las diferencias para lograr los parámetros descriptos.

A modo de ejemplo se podría decir que una buena relación sería que el exterior no este más de 2 f/stop por encima de la luz del interior. Esta relación permite controlar la ventana sin que se sobreexponga.Si se desea una iluminación más lavada, se deberá poner al exterior en un valor mayor de 2 f/stop que el propuesto.

El director de fotografía decidirá si necesita colocar keys internos, ya sea utilizando artefactos soft light o spots de luz dirigida, todo en función del tipo de luz que entra por la ventana: suave o dura.

Seguramente será necesario utilizar filling light para bajar los contrastes. Además, se deberá tener mucho cuidado con las sombras sobre el fondo. Si hiciese falta luz en el fondo, conviene iluminarlo por separado.

Para establecer el ratio y el radio, tanto en el plano largo como en el corto, el fotógrafo recurrirá al sistema de medición fotométrica que acostumbra usar, optando entre la medición de la luz incidente, la luz refleja, o combinadas.

a) Equilibrar o balancear toda la luz para "luz día" lo que significaría que la luz de la supuesta ventana se deja como está (5500º K) y sólo se utilizarían filtros ND para bajar la intensidad de la luz, sin cambiar la temperatura de color. Con respectos a las lámparas de luz tungsteno, se filtrarán con filtros conversores CTB Full.

Tener en cuenta que en este caso se disminuye mucho el valor lumínico del parque de luces (3200º K), debido al alto porcentaje de absorción del filtro CTBFull.

Generalmente se recurre a este tipo de balance de la luz cuando la ventana incluida en la toma es grande en comparación al tamaño de la habitación, y/o cuando la mayoría de la iluminación expuesta para la escena viene de las ventanas encuadradas en la toma.

B) INTERIOR ILUMINADO CON FLUORESCENCIA

Se debe determinar qué tipo de tubos se está utilizando con respecto a su temperatura de color. Las temperaturas podrán ser: 3200° K o 5600° K.

La película deberá balancearse de acuerdo a la luz existente. Si es video se debe hacer el balance de blancos adecuado.

Las maneras más comunes de registrar imágenes de escenas que están iluminadas con tubos fluorescentes, son:

<u>Caso 1</u>: Si la película y los tubos fluorescentes están balanceados para luz tungsteno con idéntica temperatura de color: 3200° K, el fotógrafo no tendrá que filtrar ni luces ni cámara pues hay equilibrio de color.

<u>Caso2</u>: Para la película y los tubos balanceados para una misma luz: 5500° K, el fotógrafo no deberá filtrar nada. Todo está equiibrado a igual temperatura de color.

<u>Caso 3</u>: Para la película balanceada a 3200° K, si los tubos están balanceados para "luz día" (5600° K), se deberá filtrar la cámara con filtro conversor 85, o los tubos con conversor CTOFull.

<u>Caso 4</u>: Si la película está balanceada para "luz día" (5500° K) y los tubos están balanceados para luz tungsteno (3200° K), el fotógrafo deberá filtrar la cámara con conversor 80A o los tubos con conversor CTBFull.

<u>Caso 5</u>: En tubos fluorescentes no balanceados ni para "luz día" ni para "luz tungsteno", es probable que en la composición espectral de la luz falte la longitud de onda de color rojo, de allí la dominante verde azulado que puede tener la imagen, produciendo sombras verdosas y negros desaturados. El fotógrafo debería utilizar

un termocolorímetro para determinar cuál es el filtro necesario a utilizar.

<u>Caso 6</u>: *Apagar los fluorescentes.*
Cuando no hay otra alternativa, se puede recurrir a apagar la luz fluorescente y colocar otro tipo de luz, desde la misma posición de los tubos, por ejemplo: luz tungsteno. En ese caso todas las tomas deben realizarse con la nueva luz y no mezclarlas con tomas de la luz anterior.

C) INTERIOR CON LUZ DE VELADOR COMO PRINCIPAL Y LUZ DE EFECTO VENTANA

En el caso de diseñar a la luz del velador como la *luz principal* (key light), es importante tener en cuenta que difícilmente la luz del velador alcance para iluminar al personaje/s que puede estar acostado o sentado en la cama, y su alrededor.

El recurso más utilizado es colocar una luz extra, desde la dirección del velador, que refuerce a este último y que en realidad es la que ilumina ese sector de la escena. El velador funcionara como un practical.

Si hubiera que iluminar a más de un personaje se puede colocar más de una luz principal (keys múltiples) desde la misma dirección.

Tipos de velador:

<u>1. Velador con pantalla traslucida</u>: El tipo de material y el color de la pantalla determinara cómo será la luz externa (contrasda, suave), y el filtro o filtros a utilizar, no solo tal vez para suavizar la luz, sino también para teñirla con el color de la pantalla.

Es importante que aparezca sobre la pared el efecto *moño* que producen estas pantallas cuando están cerca de una superficie.

Otro tema a tener en cuenta es el valor lumínico de la lámpara que tendrá el velador. Si tiene demasiado watage puede producir una muy elevada sobreexposición en la pantalla, y al tratar de inscribirla correctamente (con detalle) podemos llegar a cerrar demasiado el diafragma subexponiendo toda la imagen.

Algunos recursos a tener en cuenta:

a) Colocar un dimer en el velador que nos permita bajar el valor lumínico de la lámpara hasta que la veamos correctamente inscripta, y con las características más próximas a la pantalla real. Hay que tener en cuenta que de esta manera se puede perder el diseño *moño* en la pared.

b) Colocar una lámpara con más watage para que se note bien el *moño*, y cubrir con filtro ND la parte de la pantalla que es tomada por la cámara, dejando libre la que da sobre la pared. De esta manera se consigue tener bien marcado el *moño* en la pared.

c) Colocar una lámpara con alto watage llevando a la pantalla a estar levemente, o muy sobreexpuesta. El fotógrafo puede adoptar este estílo.

2. <u>Velador con emisión de luz direccional</u>: Son los veladores metálicos que solo emiten luz por la parte delantera del mismo. En este caso, el diseño de luz y sombra sobre la pared cercana será distinto al del velador anterior.

(Ver ilustración 5)

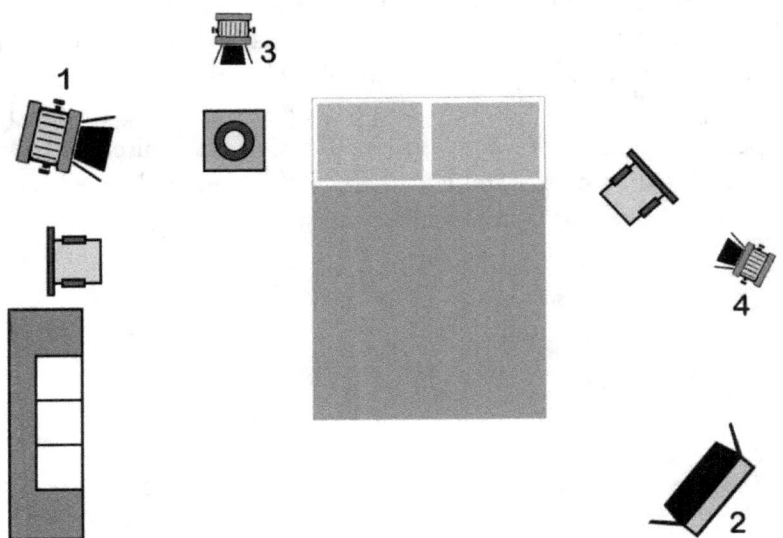

1. **Key light** (Cae sobre los personajes como si fuera el velador, Tungsteno 3200° K)
2. **Filling light** (Luz tungsteno 3200° K)
3. **Luz de efecto para velador** (genera sombra del velador sobre la mesa)
4. **Luz para efecto venta. Puede llevar filtros de color.**

Ilustración 5: DISEÑO VELADOR CON EFECTO DE VENTANA

D) INTERIOR CON LUZ CENITAL COMO PRINCIPAL

En este tipo de diseño el key light está encima de los personajes, y corrobora la idea de que el key puede adoptar cualquier posición con respecto al eje personaje cámara.

El diseño se completa con 1 filling light para todos los personajes, o más de uno, siendo el objetivo aclarar las conocidas sombras que genera la luz cenital: oscurecimiento de las cavidades oculares, sombra debajo de la nariz, debajo de la pera del persona, etc.

Si se tratara, por ejemplo, de varios comensales que están a lo largo de una mesa se podrá colocar más de una luz cenital para cubrir el recorrido, y en ese caso también pueden colocarse varios fillings light, pudiendo ser uno por cada personaje, cada dos o más personajes. Lo importante es mantener siempre el diseño y la continuidad luz/sombra. También, al artefacto cenital se le puede colocar un filtro para lograr sombras y contrastes más suaves.

(Ver ilustración 6)

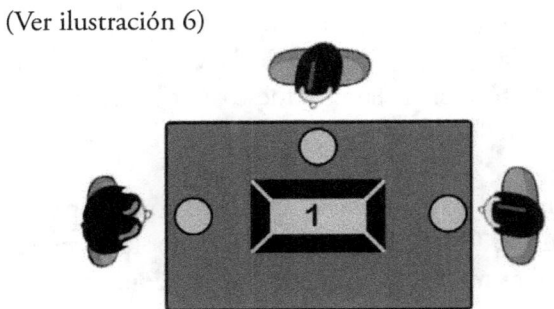

1. **Key light (Luz cenital tungsteno 3200° K))**
2. **Filling light (Luz tungsteno 3200° K)**

Ilustración 6: DISEÑO LUZ CENITAL

E) INTERIOR CON LUZ TUNGSTENO PARA GENERAR EFECTO DE LUZ DÍA

En este diseño de luz, en donde se divisa un interior y un exterior día sin ver lo que ocurre en el exterior, el director de fotografía podrá trabajar más cómodamente si lo hace de noche, en una locación real, o en estudio, ya que no estará pendiente de los cambios de la luz del exterior que modificaría la cantidad y el color de la luz según los cambios climáticos y el paso del tiempo.

El tipo de película que se usará será la balanceada para luz tungsteno. Si es video se hará el balance de blanco para 3200° K.

Para un diseño en donde dos personajes están en una mesa sentados frente a una ventana, y se acerca un tercer personaje a la mesa, la puesta de luces seria:

a) Trabajar con luz tungsteno desde el exterior de la ventana, siendo esta la "luz principal". En la ventana conviene colocar una cortina traslúcida clara. Si fuese de color produciría una dominante sobre los personajes y objetos.

En el interior de la locación se trabaja con lámparas de tungsteno que hacen de fillings light , directas o rebotadas en el cieloraso, paredes, pantallas reflectoras etc., siempre de color claro

También se puede agregar una luz *"base"* que será dosificada en función de la necesidad del diseño. Recordar que esta luz generalmente está 3 f./stop por debajo de la luz principal. Si hiciese falta luz en el fondo, conviene iluminarlo por separado.

b) Sobre la misma puesta de luces agregar luces internas, por encima de la ventana, dirigidas de manera cruzada a los personajes, y a un tercer personaje que llega a la mesa. Hay veces es que es necesario colocar una luz para este tercer personaje.

Esta variante de puesta de luz permite aumentar la luz de la ventana que viene desde el exterior, y así dosificar más exactamente los contrastes sobre los personajes y los fondos.

Si debemos bajar la luz/luces que hemos puesto detrás de la ventana, porque se sobreexpone, las luces internas colocadas sobre la misma evitaran que los personajes se queden con menos luz lo que obligaría al fotógrafo a tener que trabajar con diafragmas más abiertos.

c) Esta puesta de luces permite realizar *hight light* y *low light*. El director de fotografía determinará el ratio relacionando la luz del key light (luces detrás de la ventana + luces internas sobre la venta), y los fillings light. El radio lo relacionara entre el Key light y los fondos (ventana + paredes que rodean a los personajes.

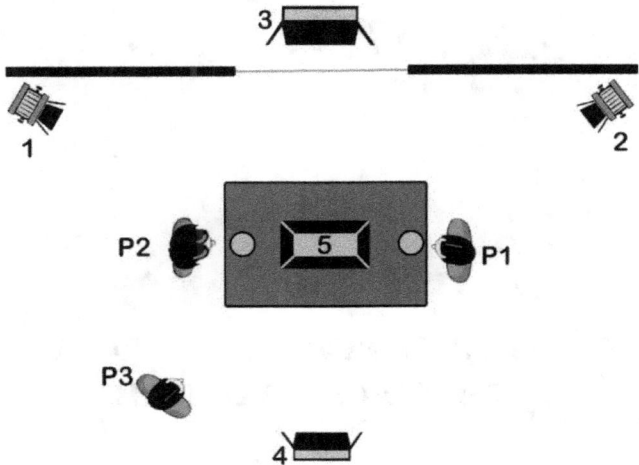

1. Key light para personaje 1 (Luz tungsteno 3200° K)
2. Key light para personaje 2 (Luz tungsteno 3200° K)
3. Luz de ventana (Luz tungsteno 3200° K)
4. Filling light (Luz tungsteno 3200° K)
5. Luz base (Luz tungsteno 3200° K)

Ilustración 7: LUZ DE VENTANA TRABAJANDO CON LUZ DE TUNGSTENO

VII
TÉCNICAS DE REVELADO PARA "LOOKS" ESPECIALES DE LA PELÍCULA

Algunos directores de fotografía usan estas técnicas alternativas para obtener diferentes "looks".

Aunque el impacto de usar estos procesos varía, en la mayoría de los casos afecta a cambios que ocurren en las emulsiones de color, que pueden no suceder en todas las capas.

Estos cambios podrían producir:

- Una reproducción inadecuada del color
- Cambios de sensibilidad
- Cambios de contraste
- Aumento de velo
- Aumento de grano

Las técnicas más conocidas, usadas para conseguir "looks" especiales, son:

1 Técnicas de retención de plata o salto de bleach
2 Revelado forzado y subrevelado
3 Revelado cruzado
4 Prevelado

1 TECNICA DE RETENCIÓN DE PLATA

La técnica de retención de plata o salto de bleach (*bleach bypass*), crea un estilo visual característico. En este proceso cantidades variables de plata se dejan en la película positiva o negativa.

La retención de plata puede significar:

- Blanqueo selectivo de la imagen de plata
- La película no se blanquea en absoluto
- La película se deja con cantidades variables de plata

La retención de plata puede ocurrir cuando se revela la película negativa, intermedia o positiva. En cada caso se producen "looks" ligeramente diferentes. Para preservar el negativo de cámara original, muchos cineastas eligen la retención de plata en la etapa del internegativo. Actualmente consiguen el mismo "look" en un proceso de intermediate digital.

Durante el proceso de revelado, los haluros de plata expuestos se revelan y el revelador oxidado forma colorantes. Esas zonas contienen una imagen de plata más colorante. En el proceso con salto de blanqueo, algo de la plata no convertida permanece en la película donde hay formación de colorante.

Ya que en un proceso de retención se perderá saturación de color de plata, es importante comentar su plan con todos los departamentos necesarios (atrezo, maquillaje, vestuario, etc.) puesto que los tonos oscuros se registrarán como negro.

La películas negativas de color que pasan por un proceso de retención de plata, muestran:

- Contraste más alto
- Más ruido en la imagen

- Menos saturación en los colores
- Blancos y altas luces pasados de luz
- Pérdida de detalle en las sombras

En un programa de video se puede lograr algo similar duplicando la capa de la imagen, ajustes en controles de tono/saturación, ajuste de curvas, agregar ruido, y ajuste en controles de brillo/contraste.

2 REVELADO FORZADO Y SUBREVELADO

El revelado *forzado* aumenta la sensibilidad efectiva de las películas negativas o reversibles manipulando el tiempo de revelado. Esta técnica de revelado se precisa generalmente para crear un efecto especial, para compensar un error en la exposición de la película, o porque no existe suficiente iluminación disponible.

Aunque se pueda aumentar la sensibilidad de la película, el efecto puede ir en detrimento de la calidad visual en la pantalla. Forzar la película de color 1 punto de diafragma puede tener un efecto mínimo, pero un forzado mayor puede provocar un aumento notable del grano y una atenuación de las sombras. Condiciones de forzado similares en la película de blanco y negro aumentarán el grano y el contraste.

El revelado forzado se considera como una herramienta de trabajo de la industria del cine, pero antes de solicitar un revelado forzado, habrá que familiarizarse con los resultados posibles mediante pruebas o conversaciones con el personal del laboratorio. Sin embargo, las películas actuales más sensibles, han reducido la necesidad del revelado forzado.

Visualmente, el revelado forzado produce:

- Contraste más alto
- Desequilibrio de color (las curvas ya no son paralelas)
  Se hace más notablemente en las sombras o altas luces.
- Más grano.
- Sombras grisáceas azules
  Debido a los cambios en el registro amarillo, las sombras toman un aspecto grisáceo y a veces realmente aparecen azules.

En el proceso de *subrevelado*, el negativo se revela menos.

Sobreexposición y subrevelado se utilizan a veces para reducir el grano y crear un "look" especial. Visualmente, el contraste más bajo contribuye a una imagen de aspecto plano, pero con la ventaja de menos grano.

Es decir, es importante consultar al laboratorio antes de subexponer o sobreexponer la película para estar seguro de que ofrecen el proceso forzado y el subrevelado y en qué proporción.

3 REVELADO CRUZADO

En un proceso *cruzado* (cross processing), una película se revela mediante un proceso para el que no está destinada, por ejemplo, pasar una película reversible por un proceso (ECN2) de negativo de cámara en vez del proceso reversible de color (E6) para el que fue diseñada.

Las fotografías de procesos cruzados se caracterizan a menudo por sus colores artificiales y su alto contraste.

Los resultados del proceso cruzado difieren de un caso a otro, pues están determinados por muchos factores como ser el tipo de la película utilizada, la exposición sobre ella, el producto químico utilizado para revelarla, etc.

En fotografía digital, los efectos de este proceso se pueden simular en la etapa de posproducción por medio de una serie de técnicas que comprenden la manipulación del contraste/brillo, el tono/saturación, y las curvas.

4 PREVELADO

Prevelar significa velar la película deliberadamente dándole una exposición uniforme antes del revelado. La cantidad y el tipo de exposición variarán según el "aspecto" deseado.

Esta ligera exposición reduce el contraste de la película (en alguna medida), principalmente las zonas superiores de la escala (sombra), y permite más detalle en las sombras.

Al prevelar el negativo, se logra:

• Reducir el contraste y se simula un aumento de la sensibilidad en el pie de curva.

• Abre las zonas de sombras pasadas que producen la retención de plata. La zona del pie de la curva de una película negativa de color es donde se captura la información de las sombras.

Los resultados son similares si la película se vela antes o después de la exposición, en el laboratorio, o en la cámara (mediante un dispositivo suministrado por el fabricante de la cámara).

También, el velado se efectúa a menudo para igualar más entre sí aquellas películas con características de contraste diferentes, y que deben intercalarse.

Otra razón para esta exposición suplementaria es crear tonos pastel a partir de colores más saturados, mejorando los detalles en sombras que tienen menos luz de relleno.

La cantidad de velado afectará al resultado, pero la intensidad de esta exposición suplementaria tiene sus límites, y demasiada distorsionará la imagen.

Los directores de fotografía y el personal del laboratorio miden con frecuencia la cantidad de exposición suplementaria en porcentajes.No existe un consenso absoluto sobre lo que significan estos porcentajes. Se determinan habitualmente por experiencia, y como la mayoría de otras técnicas creativas, es importante trabajar estrechamente con el laboratorio y reunir experiencia mediante ensayos.

VIII
BIBLIOGRAFIA

ALVAREZ Hugo E.: *"FotografíaCinematográfica Fundamentos Técnicos"* Edición del autor – Córdoba 2013.

ARANOVICH Ricardo: *"Exponer una historia"*
Gedisa Ediciones–Barcelona, España 1997.

BERSTEIN Steven: *"Técnicas de Producción Cinematográfica"*
Editorial Limusa SA, México DF 1993.

BRISNEE Jean: *"Tecnología Cinematográfica"*
Edic. Centro Universitario de Estudios Cinematográficos, Cuba 1987.

BROWN Blain: *"Cinematografía Teoría y Práctica*
Ediciones Omega SA – Barcelona, España 2008

BROWN Blain: *"Iluminación en Cine y Televisión*
Escuela de Cine y video España 1992

GOLOVNIA Anatoli: *"La Fotografía Cinematográfica"*
Ediciones Rialp, Madrid, España 1960.

GRANGER Pier M.: *"La óptica en el audiovisual"*
Edición Sindicato de la Industria Cinematográfica – Argentina, 1989.

KODAK LIMITED AND EASTMAN: "In camera"
Kodak Company Rochester, NY: Julio, Oct. y Diciembre/2001.

LOBEl L. y DUBOIS M.: *"Manual de Sensitometría"*
Edic. Omega SA – Barcelona, España 1973.

MCCULLOUGH Jim: *"American Cinematographer"* –
Editadapor ASC Holding Corp. Hollywood, California
USA Años 2000/2001.

MILLERSON Gerard: *"Iluminación para Televisión y Cine"*
Edic.iInstit. Oficial de Radio y Televisión Española
Barcelona, España 1992.

SOUTO Raimondo H.H.: *"Manual de Cine y Video Registros"*
Ediciones Omega SA Barcelona, España 1976.

TOKER Williams: *"Manual de la luz"*
Edit. Sean Publications West Hill, California 1990.

Material de Internet:

ultravision@bigfoot6.com
903435c@knotes.kodak.com
www.kodak.com/go/motion
www.cinecolor.ar
www.camarasyluces.com
www.ultravision.com.ar
www.cinematographer.com
www.lumatek.com
www.dexel.com
www.adfcine.com.ar

Otros Materiales:

American Cinematographer Manual.
Editadopor Fred H. Detmers ASC Press, Hollywood, California
USA 1986.

Folletos de Materiales Sensibles y Equipamiento: Kodak, Fuji Film, Agfa Gevaert, Tiffen, Dexel.

XI
GLOSARIO

Back Light: También llamada "luz de fondo". Acentúa áreas detrás del sujeto respecto a la posición de contra. Genera áreas o zonas de luz. Separa el fondo respecto del sujeto en primer plano.

Banderas: Chapa (u otro material), generalmente de color negro, que se utiliza para apantallar artefactos de iluminación, evitando así que determinadas luces lleguen a zonas que no se quieren iluminar.

Brutos: Son proyectores de arco de carbón, y generan gran cantidad de luz. Son pesados, necesitan un generador de corriente continua, cables gruesos, y de difícil transporte. Han sido reemplazados por artefactos con lámparas de iluminación metal halógena (HMI).

Conversor 85: Filtro de color ámbar que permite convertir luces de 5500° K a 3200°K. Se utiliza en las ópticas.

Conversor 80A: Filtro de color azul que permite convertir luces de 3200°K a 5500°K. Se utiliza en la ópticas.

CTB Full: *(Temperatura de color azul)*. Estos filtros permiten convertir luces de 3200'K a 5500'K. Se utiliza en las lámparas.

CTO Full: *(Temperatura de Color naranja). Estos filtros* permiten convertir luces de 5500'K a 3200'K. Se utiliza en las lámparas.

Director de Fotografía: *Operador*, trabaja con el director y tiene la responsabilidad de la fotografía integral de la película. Esto incluye también a la cámara.

Eléctricos. Colocan los elementos de iluminación, y sus accesorios, como y donde dice el jefe de eléctricos o gaffer.

Exposímetro: Instrumento que mide la intensidad luminosa y determina los valores de abertura y velocidad de obturación para obtener una exposición correcta.

Feathering: También se denomina *plumereado*, significa enfocar el centro del rayo de luz del key light ligeramente hacia el costado del rostro del personaje.

Filling Light: También llamada *luz de relleno*, atenúa la sombra en las zonas del sujeto, producidas por la luz principal, sin borrarla. Suele ser difusa, y se ubica al lado de cámara del lado contrario a la posición del key light.

Fillings Múltiples: Significa agregar más Fillings para iluminar el movimiento del sujeto, balanceando a cada uno con igual intensidad, salvo que sea necesario diferentes intensidades en cada uno.

Hair Light: También llamada "luz de cabello". Es un pequeño spot cuyo watage generalmente es menor que el key light. Se coloca alto y hacia atrás del sujeto, ilumina su cabello y produce un diseño atractivo. Tener cuidado cuando el personaje tiene cabello claro, o poco cabello, ya que podría producir mucho brillo.

High key: *Clave alta*, modo de iluminación de una escena muy brillante y con relativamente pocas sombras.

HMI: *Lámparas metal halógenas*, son fuentes luminosas herméticas de arco de mercurio con adición de haluros metálicos. Producen gran cantidad de luz con relación al consumo de energía eléctrica. Necesitan un ballast entre la alimentación y cada proyector.

Jefe eléctrico: También denominado *Gaffer*, lleva a cabo técnicamente la iluminación con su equipo de electricos. Selecciona los equipos convenientes para llevar a cabo la iluminación, Pre ilumina escenas, realiza las visitas a locaciones o scouting, participa en la confección de las plantillas de iluminación, etc.

<u>Key Light</u>: También llamada *luz principal*, es la luz mas fuerte del sistema triangular de iluminación, y la que determina el diseño a realizar. Determina el nivel de sombra que llevara la escena y con respecto a esta se disponen las demás luces.

<u>Keys Múltiples</u>: Significa agregar más Keys para iluminar el movimiento del sujeto, balanceando a cada uno con igual intensidad, salvo que sea necesario diferentes intensidades en cada uno.

<u>Kicker Light</u>: También llamada "luz de despegue", se la utiliza para despegar a los personajes de los fondos. Recorta los sujetos respecto del fondo y remarca los sujetos. Se puede poner detrás o lateral pero alta.

<u>Low Key</u>: *Clave baja*, iluminación de bajo contraste con muchas sombras y grandes zonas de oscuridad.

<u>Lumiesfera</u>: Accesorio del exposímetro, de color opalino y media esfera (180º), que se utiliza para la medición de la luz incidente.

<u>Luz Base</u>: Es una iluminación de relleno general suave, sin sombras, cenital, y de dirección única por todo el Set, que ilumina el área de acción y el fondo de igual manera. Baja el contraste de aquellas áreas iluminadas por los Keys, y su intensidad se controla en relación a la intensidad de los mismos.

<u>Maquinistas</u>: Son los encargados de manipular dollys, grúas y otros soportes de cámara.

<u>Moño</u> (bowtie): Es el diseño de sombras que producen los veladores y demás practicals que están cerca de las paredes, y dibujan en ellas la forma de sus pantallas traslúcidas.

<u>ND</u> (Densidad Neutra): Filtros de color gris que se utilizan para bajar la intensidad de la luz sin variar la temperatura de color.

Parrilla para luces: Sistema de hierros o caños que están en la parte superior del set, y que se utilizan para colgar artefactos de luz, escenografía, etc...

Plantillas de iluminación: Es la herramienta con la que se grafica los distintos diseños de la iluminación de los espacios bien para cine y TV, y consiste en disponer los aparatos de luz y sus accesorios en forma conveniente para tener las diferentes atmósferas requeridas en los distintos decorados o escenas.

Practicals: Llamadas *luces prácticas,* son las que salen en encuadre, por ejemplo: lámparas de sobremesa, de suelo, apliques de pared, luz natural que aparece en escena, etc.

Ratio: Dentro del sistema triangular de iluminación, es la relación entre la luz principal (key light) y la de relleno (filll light). Ambas iluminan al personaje/s.

Radio: Dentro del sistema triangular de iluminación es la relación entre la luz que ilumina a un personaje/s, y la luz del fondo (back light).

Scrim: Rejilla metálica utilizada para bajar la intensidad de la luz de un artefacto sin modificar la dirección de la luz ni la temperatura de color.

Soft light (luz suave): Es un artefacto de luz cuya lámpara está escondida dentro de él y se refleja en una superficie blanca o brillante, generado una luz difusa.

Soporte de lámpara: También llamado *pie de lámpara,* se utiliza para soportar artefactos de iluminación, pantallas reflectoras, etc.

XI
ANEXOS

Filtros

Los materiales con los que están hechos los filtros que utilizan los fotógrafos, son:

A) *Base de Acetato*

Son suficientemente claros y parejos como para ser utilizados.

En el caso de tener que utilizar un conversor CTO Full (color ámbar) en una ventana, los mismos se fabrican en rollos. No son suficientemente claros para registrar imágenes a través de ellas (exteriores a través de la ventana).

B) *Base de Gel*

No son óptimamente claros como los anteriores. No deben ser usados para registrar imágenes a través de una ventana También Se fabrican en rollos.

C) *Paneles Acrílicos*

Son óptimamente claros. Se utilizan cuando el exterior a través de una ventana debe verse claramente. Es el mejor para convertir luz día a luz tungsteno. Son los más caros y se fabrican en paneles.

Algunos tipos de filtros:

FILTROS DE CÁMARA

Los filtros ópticos nos proporcionan el medio de modificar con profundidad la imagen que creamos. Se utilizan más frecuentemente en el objetivo durante el rodaje real, pero también pueden insertarse físicamente en telecines y escáneres se pueden aplicar virtualmente cuando la imagen existe en el espacio de los datos.

Se puede considerar que los filtros pertenecen a uno de los cuatro tipos generales:

• **Corrección de color**: en líneas generales, son filtros que afectan al equilibrio luz día/tungsteno y al cambio verde/magenta de la luz que los atraviesa. El más usado de todos ellos es el filtro 85, que corrige la luz día a tungsteno. Es el filtro que usamos cuando rodamos un exterior de día con película equilibrada para tungsteno.

Hay muchos grados, colores y densidades de este tipo de filtro, diseñados para permitirnos tratar casi cualquier color de la luz y convertirla en un color que la película pueda manejar. Están clasificados en filtros de conversión, equilibrio de luz y compensación de color.

• **Efectos ópticos:** estos filtros, como polarizadores, efecto de estrellas o el dióptrico de campo dividido, desvían o refractan selectivamente la luz que pasa a su través. El polarizador se emplea generalmente para reducir brillos o eliminar reflexiones.

Hace esto de la misma forma que las gafas de sol, permitiendo sólo que longitudes de onda alineadas en paralelo pasen a través de su densidad. Es efectivo especialmente para realzar el azul oscuro del cielo.

• ***Compensación de exposición:*** filtros que afectan a la cantidad de luz que les atraviesa con una influencia mínima en el color o calidad. Los componentes más destacados de este grupo son los filtros de densidad neutra (ND). Los filtros ND se presentan en una variedad de densidades, habitualmente en incrementos de1 punto de diafragma.

• ***Efectos de color:*** estos filtros aplican una tendencia de color general a la imagen. Las variedades más utilizadas son tabaco, sepia y coral. El filtro de realce es una versión especial que sólo intensifica la saturación de los tonos rojos de la imagen. Los filtros degradados afectan a partes seleccionadas de la imagen manipulando el filtro en unporta filtros giratorio. Uno de los más conocidos es el degradado de puesta del sol, que aplica una tonalidad cálida a la parte más alta de la imagen y aumenta el cielo cálido de una puesta de sol natural o recreada sin afectar a la parte inferior de la imagen.

Nota: Deberá compensarse adecuadamente la exposición para cada filtro colocado sobre el objetivo. Los filtros absorben parte de la luz que normalmente llegaría a la película, por lo tanto, la exposición debe aumentarse, en general, usando una abertura mayor. La filtración depende de la fuente luminosa y el tipo de película. Las hojas de datos de las películas cinematográficas KODAK indican la compensación de exposición para los filtros usados más habitualmente.

Filtros de conversión:

Las películas cinematográficas están equilibradas durante la fabricación para usarse o con fuentes luminosas de tungsteno (3200º K) o luz día (5500º K). Los filtros de conversión de color se pueden usar para igualar una película y una fuente de luz que tienen diferentes equilibrios de color. Estos filtros están destinados para utilizarse siempre que se necesiten cambios significativos de temperatura de color de la iluminación (por ejemplo, luz día a luz artificial). Los filtros se pueden situar entre las fuente luminosas y otros elementos del sistema o sobre el objetivo de la cámara en un rodaje fotográfico convencional.

Color del filtro	Número del filtro	Aumento de exposición en puntos*	Conversion en grados K
Azul	80A	2	3200 a 5500
	80B	1 2/3	3400 a 5500
	80C	1	3800 a 5500
	80D	1/3	4200 a 5500
Ámbar	85C	1/3	5500 a 3800
	85	2/3	5500 a 3400
	85N3	1 2/3	5500 a 3400
	85N6	2 2/3	5500 a 3400
	85N9	3 2/3	5500 a 3400
	85B	2/3	5500 a 3200

Filtros de *equilibrio de la luz*:

Los filtros de equilibrio de luz permiten que el fotógrafo realice ajustes menores de la calidad del color de la iluminación para obtener una reproducción del color más fría o más cálida. Uno de los principales usos de los filtros de equilibrio de color Kodak es cuando las fuentes de luz muestran frecuentemente una temperatura de color diferente de la del equilibrio de color de la película.

Cuando se usa un termocolorímetro para determinar la temperaura de color de la luz predominante, se puede emplear la tabla de abajo que convierte la temperatura predominante en 3200º K o en 3400º K.

Color del filtro	Nº del filtro	Aumento exposición en puntos*	Para obtener 3200K de	Para obtener 3400K de
Azulado	82C+82C	1 1/3	2490K	2610K
	82C+82B	1 1/3	2570K	2700K
	82C+82A	1	2650K	2780K
	82C+82	1	2720K	2870K
	82C	2/3	2800K	2950K
	82B	2/3	2900K	3060K
	82A	1/3	3000K	3180K
	82	1/3	3100K	3290K
Amarillento	81	1/3	3300K	3510K
	81A	1/3	3400K	3630K
	81B	1/3	3500K	3740K
	81C	1/3	3600K	3850K

Filtros de compensación de color para corrección de color:

Un filtro de corrección de color (CC) controla la luz atenuando principalmente una o dos partes del rojo, azul o verde del espectro. Se pueden usar individualmente o en combinación para efectuar casi cualquier corrección de color que se desee.

Se pueden usar filtros CC para hacer cambios del equilibrio de color general de una imagen realizada con películas de color o para compensar las deficiencias de la calidad espectral de la luz a la que a veces hay que exponer las películas.

Estas correcciones se necesitan a menudo, por ejemplo, para realizar copias o en fotografía con fuentes luminosas fuera de lo normal. Si el equilibrio de color de una prueba no es satisfactorio, se puede valorar la cantidad de filtración necesaria para corregirla visualizando la copia de la prueba a través de filtros de corrección de color.

Los filtros de compensación de color están disponibles envarios valores dedensidad para cada uno de los siguientes colores: cian, magenta, amarillo, rojo, verde y azul. La densidad de cada filtro de compensación de color se indica por el número de la denominación del filtro y el color se indica con la letra final. Una denominación típica de un filtro, como CC20Y, representa un "filtro de compensación de color con una densidad de 0,20 de color amarillo".

Filtros de absorción ultravioleta y de niebla:

La fotografía de paisajes lejanos, vistas de montañas, escenas de nieve, escenas sobre el agua y a veces fotografías aéreas en sombras abiertas hechas con películas de color equilibradas para luz día a menudo se reproducen con un tinte azulado esto se produce por la dispersión de la radiación ultravioleta a la que la películaes más sensible que el ojo humano un filtro 1a (skylight) absorbe la radiaciónultravioleta. Colocando este filtro sobre el objetivo se puede reducir el tinte azulado y obtener una ligera penetración en la niebla.

Filtros polarizadores:

Los filtros polarizadores (también conocidos como pantallas polarizadoras) se usan para atenuar los reflejos de superficies como cristal, agua y madera pulida y para controlar el brillo del cielo la cantidad de luz polarizada de una zona determinada del cielo varía según suposición respecto al sol, la máxima se produce con un ángulo de 90° del sol por lo tanto, hay que evitar hacer panorámicas con la cámara con un polarizador porque el cielo se volverá más oscuro o más claro cuando cambie la posición de la cámara. El cielo puede aparecer más claro de lo que se espera por estas razones:

- Un cielo brumoso no se fotografía tan oscuro como un cielo azul limpio. No se puede oscurecer un cielo nublado usando un filtro.

- El cielo confrecuencia es casi blanco en el horizonte y se oscurece en un azul más intenso en el cenit. Porlo tanto, el efecto del filtro en el horizonte es pequeño, pero se hace más grande cuando la cámara se dirige hacia arriba.

- El cielo cerca del sol es menos azul que en los alrededores y, porconsiguiente, está menos afectado por el filtro.

Cuando se empieza a hacer exposiciones con un filtro polarizador, hay que recordar que este filtro tiene un factor de filtro típico de 4 (aumento de la exposición en 2 puntos). Este factor se aplica sin tener en cuenta en qué posición se ha girado el filtro polarizador.

Filtros de densidad neutra:

En fotografía en blanco y negro y color, los filtros de densidad neutra kodak wratten n°.96 reducen la intensidad de la luz que llega a la película sin afectar la reproducción tonal de la escena original en trabajos de cinematografía y otra fotografía, los filtros neutros permiten el uso de grandes aberturas para obtener un enfoque diferencial se pueden utilizar cuando se rueda con luz del sol brillante o con películas muy sensibles sin tener que usar aberturas muy pequeñas del objetivo esto da un mayor control sobre la profundidad de campo de la escena. También existen filtros de gelatina kodak wratten con combinaciones de densidad neutra y conversión de color (por ejemplo, el n° 85 n3 y 85 n6) estos filtros combinan las características de conversión de luz del filtro de gelatina kodak wratten n°.85 condensidades neutras.

Densidad neutra	Transmitancia (%)	Factor de filtro	Aumento de exposición en puntos*
0,1	80	11/4	1/3
0,2	63	11/2	2/3
0,3	50	2	1
0,4	40	21/2	11/3
0,5	32	3	12/3
0,6	25	4	2
0,7	20	5	21/3
0,8	16	6	22/3
0,9	13	8	3
1	10	10	31/3
1,0+0,1	8	12	32/3
1,0+0,2	6	16	4
1,0+0,3	5	20	41/3
1,0+0,4	4	24	42/3
1,0+0,5	3	32	5

*Estos valores son aproximados Para trabajos importantes, compruebe mediante pruebas precisas, especialmente si se necesita más de un filtro.

LUZ Y COLOR

- El color afecta nuestra vida.
- Es color es físico: lo vemos.
- El color comunica: recibimos información del lenguaje del color.
- Es color es emocional: despierta nuestros sentimientos.
- El fotógrafo trabaja con la mezcla de ondas electromagnéticas a las que se llama luz.

Colores primarios: ROJO – VERDE – AZUL.

Estos colores son considerados primarios en todos los medios que trabajan con luz (cine, video, tv). Las suma de los tres primarios forman la luz blanca.

Colores Secundarios: AMARILLO – MAGENTA – CIAN.

Amarillo (Rojo + Verde). Es el color blanco menos azul.
Magenta (Rojo + Azul). Es el color blanco menos Verde.
Cían (Verde + Azul). Es el color blanco menos Rojo.

Colores Complementarios

Son los dos colores que mezclados dan la sensación del color blanco. Es la mezcla entre un primario y el secundario que lo enfrente en el circulo de colores.

Azul (primario) + Amarillo (secundario) =Color Blanco
Rojo (primario) + Cian (secundario) = Color Blanco

Verde (primario) + Magenta (secundario) = Color Blanco

Colores Acromáticos
Sin color. Utiliza el blanco, el negro y los grises.

Colores Monocromáticos
Gama de un mismo color. Se perciben como plácidos ya que el ojo debe realizar mínimos ajustes al observarlos.

Colores Saturados
Puros, intensos, vigorosos, agresivos.

Colores Desatorados
Pastel, suaves, delicadeza, fragilidad.

Colores Sobresaturados
Es más oscuro y se modifica, por ejemplo un amarillo se convierte en ocre o pardo.

Colores Armónicos
Se combinan colores poco diferentes entre ellos, especialmente cuando son desaturados contiguos en el circulo de los colores.

Colores Discordantes
Se combinan colores que parecen enfrentarse entre ellos. Los colores son muy intensos y saturados, por ejemplo dos primarios, dos secundarios.

VISIÓN DE LOS COLORES

El sistema receptor del ojo, la retina, está formado por un conjunto de conos y bastoncillos. Los conos funcionan a plena luz, los bastoncillos en la oscuridad, por lo tanto cuando se pasa de fuertes intensidades luminosas a otras débiles el trabajo de los conos se detiene progresivamente en beneficio de los bastoncillos.

Cuando se atenúa la luz, el máximo de sensibilidad del ojo humano que en el exterior esta situado aproximadamente en 555mu (verde amarillo), se desplaza hacia el color azul hasta alcanzar 500 mu. Esta es la razón por la cual, con una luz atenuada, el color azul parece más inteso mientras que el color rojo se oscureee considerablemente. También, los objetos iluminados con poca luz, aparecen más azules es de lo que son en la realidad.

LA IMAGEN Y EL COLOR

El color está caracterizado por tres propiedades fundamentales: tono, brillo y saturación.

Tono: Ante una radiación o conjunto de ellas, es el grado específico de sensación de longitudes de ondas determinadas.

Brillo: Está determinado por la cantidad de luz que el color parece emitir.

Saturación: Lo determina la cantidad de color blanco que existen en la composición. Cuando un color no está mezclado con la luz blanca se dice que el color es puro. Cuando contiene luz blanca se dice que el color es desaturado.

Lo que el ojo humano interpreta como "color', puede variar considerablemente por varios motivo, entre otros.
 a) El color de la luz que lo ilumina. -
 b) La calidad de la luz que lo ilumina. -
 c) El ángulo y "dirección" desde donde le llega la luz. -
 d) Cualquier otro color cercano.

1) COLORES "CÁLIDOS" Y COLORES "FRIOS".

- Cuando miramos colores inconscientemente les atribuimos "temperatura"y "distancia". Así decimos que los colores rojo, amarillo y marrón aparecen más cálidos (calientes) y las áreas con esos colores parecen más cercanas que los llamados colores frios: azul y verde.

- Los colores más oscuros y más saturados parecen más cercanos que los más claros o desaturados.

- El peso de los colores es una valoración subjetiva, depende del valor que cada observador otorga a los distintos colores. Subjetivamente el "peso" pictórico de un color se ve a menudo afectado por su "calor". Colores más cálidos parecen más pesados que los frios y los colores más saturados parecen más pesados que los desaturados. El color más pesado es el rojo, seguido por el naranja, el azul, el verde, el amarillo y el blanco.

- Al componer imágenes, pequeñas áreas de color saturado equilibran grandes áreas de color desaturado. -

2) LA EMOCION ASOCIADA AL COLOR.

El color y la emoción están muy interrelacionados y son muchas las asociaciones con el color. Algunas tienen impacto universal y otros tienen un significado restringido, a culturas, naciones, etc. -

Algunas de las asociaciones conceptuales despertadas por el color son:

Rojo: Cordialidad, poder, fuerza, animación, crudeza, entusiasmo. La dominante roja en la fotografía será llamativo y estimulante. Será de gran impacto, pero el espectador no la percibirá siempre de forma placentera.

Verde: Frescura, naturaleza, primavera, tranquilidad, misterio, envidia, maldad.

Azul: Frescura menos acentuada que la del verde, serenidad, frío, humedad. Asociación con el agua, con el cielo, etéreo, infinito, noche lunar.

Amarillo: Brillantez, alegría, luz solar, traición. Es el color que más excita las células —los conos- del ojo humano, y resulta más estimulante cuando más saturado es.

Anaranjado: Asociado al fuego, al calor intenso, al otoño, al sol.

Blanco: Delicadeza, pureza, nieve, frío, paz, limpieza, elegancia, fragilidad. -

Negro: Acción oculta, tristeza, muerte, pena:·

Negro realzado con blanco: Sofisticación, vigor, novedad. -

Colores saturados: Puros, intensos, vigorosos, agresivos.
Colores desaturados: Pastel, suaves, delicadeza, fragilidad.

La combinación de colores (longitudes de onda) muy dispares son atractivas e intensas debido a que el ojo humano debe realizar constantes ajustes entre ellas.

La combinación de colores (longitudes de onda) semejantes, generalmente gamas del mismo color, se perciben como plácidas ya que el ojo humano debe realizar ajustes mínimos.

3) CONTRASTE SIMULTANEO DEL COLOR.

La apariencia de cualquier color puede sentirse afectada considerablemente por el "fondo", efecto conocido como contraste simultáneo.

Ejemplos:
a) Un traje verde en con fondo de paño gris tiende a tomar el color complementario, en este caso el magenta (complementario del verde) y parecer más "caliente" o "cálido".

b) Un objeto blanco sobre un fondo blanco, iluminado por luz blanca y magenta, la sombra que proyectará será verde.

c) Un color saturado sobre un fondo del mismo color pero menos saturado, el fondo parecerá más gris.-

Cualquier color parecerá más brillante y más fuerte enfrentado con su color complementario: azul-amarlllo, verde-magenta, rojo-cian.

Un color "fuerte" parecerá más brillante sobre fondo blanco que sobre fondo negro.-

f) Un color "oscuro" se acentuará más sobre un fondo negro.

g) Colores neutros: blanco, gris, negro, se modifican según el fondo. Con fondo oscuro más claros parecerán los tonos de los objetos y viceversa.

4. PERSISTENCIA DEL COLOR.

Después de mirar a un color durante algún tiempo, fuertemente se experimenta un cambio de color al pasar a la siguiente toma.

Ejemplos:

a) Después de la exposición al rojo veremos sobre la pantalla negra, una imagen remanente cyan (azul verdosa).

b) Después del color amarillo y del naranja, le sigue una imagen remanente azul y viceversa.

c) Después del color verde, le sigue una imagen remanente magenta (rojo y azul).

d) Si el fondo es blanco, al pasar de un rojo veremos en la pantalla color cyan (verde azulado).

e) El amarillo parecerá verde luminoso en el fondo blanco.

f) El azul parecerá mas intenso y verdoso.

5. CONSTANCIA APROXIMADA DEL COLOR

Este efecto ilusorio influye constantemente en nuestra evaluación del color. Lo experimentamos cuando miramos una imagen que contiene un objeto de color familiar, conocido previamente. Haremos una interpretación subjetiva.

Ejemplos:

a) Un buzón de correo color rojo. Aunque aparezca con un color distinto al real, el cerebro ajusta su interpretación de manera que estaremos predispuestos a verlo como "correcto".

b) Consideramos como azul la luz de la luna cuando es en realidad blanca ya que refleja la luz del sol. Aquí influye la sensibilidad de células del cerebro - en este caso los bastoncillos- (que de noche son más sensibles al color azul que a los demás colores.

c) La luz de un artefacto de iluminación artificial y la luz solar se ven como luz blanca, cuando se las observa separadamente. El cerebro notará la diferencia recién cuando vea juntas ambas fuentes de luz (por comparación).

6) EFECTOS DE SUPERFICIE

Ejemplos:
a) El color de una superficie lisa parecerá más saturado (puro) que el de una superficie "rugosa".

b) El color y brillo de una superficie variará con el ángulo y dirección de la luz que incide sobre el.

c) El color de una superficie varia con la calidad de la luz que incide, apareciendo más brillante y saturada bajo una luz dura, y menos brillante y desaturada con una luz difusa.

d) Una superficie puede teñir con su color a las personas u objetos cercanos, debido a que refleja su propio color.

7) DETALLE DEL COLOR

El ojo humano tiene inconvenientes en distinguir pequeñas áreas coloreadas haciéndose más dificultoso a medida que se hacen más pequeñas.

Ejemplos:
a) El color amarillo tiende a convertirse en gris claro.

b) Un detalle azul puede confundirse con gris oscuro.

c) Los rojos saturados y los verdes azulados juntos se confunden tanto que solamente se detectan diferencias de brillo.-

8) ATRACCIÓN DEL COLOR

Un rasgo característico del color es la manera en que ciertos matices atraen nuestra atención.

Ejemplos:
a) Los "amarillos y verdes brillantes"son capaces de .mantener más nuestra atracción que los "marrones y bordo".-

b)-Los colores saturados atraen más la atención que los tonos pasteles o desaturados.

c) Si en "una imagen hay colores "naranja y rojo", nuestros ojos se dirigirán a ellos instintivamente. Cuando están fuera de foco perderemos el tiempo intentando descubrir que es ese objeto desenfocado.

MEDICION DE LA LUZ POR EL SISTEMA DE LUZ INCIDENTE

Hugo E. Álvarez

El exposímetro capaz de medir luz incidente es un instrumento de mano, es decir, nunca incluido en el cuerpo de una cámara, sea esta de fotografía fija, cine o video.

La condición estructural fundamental, es que el medidor posea una semiesfera traslúcida de tono opalino perfectamente graduado, que tiene la misión de posicionarse delante de la célula fotoeléctrica colectora de luz, para proporcionar dos condiciones esenciales: en primer lugar proveer una medición tridimensional, del orden de 180% de cobertura respecto de la iluminación dispuesta, y segundo, disminuir la magnitud de la energía colectada, para que el instrumento trabaje sus datos sobre un ideal de que del 100 % de la luz que llega sobre el sujeto, el 82 % será absorbida, y solo el 18 % será reflejado hacia la cámara para formar imagen.

Vamos a redundar sobre el concepto para agregar toda la claridad posible. Recordemos que al utilizar el modo de medición incidente, el exposímetro se encuentra físicamente, ocupando el lugar del sujeto; supongamos que es un actor dentro de una escenografía dada. Para realizar la medición, el fotógrafo posiciona su medidor en la ubicación del protagonista, con la semiesfera colectando la iluminación, y apuntada hacia el objetivo de la cámara; realiza la medición y si asignáramos al fotómetro capacidad de razonamiento, el instrumento deduciría lo siguiente:

- La cantidad de luz que llega sobre este sujeto es de 400 Fc. (o 4.300 Lux).

- La película cargada en la cámara tiene una sensibilidad de 100/21 IS0.

- Para estos niveles de iluminación y sensibilidad, con un tiempo de obturación de 1/60", el valor de diafragma es f:5,6 por ser esta la abertura que corresponde para registrar el gris medio de 18% de reflexión.

Esta medición no toma en cuenta valores de brillo. El tipo de piel, vestimenta o de elementos escenográficos que se encuentran fuera de la posición y de la función asumida por el medidor no son tenidas en cuenta, ya que el método de luz incidente trabaja resumiendo la potencia de iluminación respecto de un solo brillo: 18 %; y los resultados de la exposición que decide, estarán sujetos a la cercanía o lejanía de los distintos brillos del sujeto, respecto del valor de reflectancia ideal, (18 %) del diafragma elegido, y de la capacidad de la película (amplitud) para registrarlos dentro de su gama tonal útil.

Para que la idea sea absolutamente gráfica, permítasenos una licencia académica:

Si en la situación escénica descrita, reemplazamos al actor por un cilindro de acero inoxidable, la medición de un exposímetro por sistema de luz incidente no variaría en lo más mínimo, y sin embargo, el sujeto sería tan distinto como la distancia que existe entre el brillo de la piel humana, (sea cual fuere su etnia) y el emitido por un objeto de superficie espejada.

¿Tiene entonces este sistema, virtudes para destacar? Sí; para empezar, la determinación del ratio de iluminación puede ser realizada rápida y eficientemente: si se miden las potencias de las luces que obran sobre el sujeto de manera independiente, el sistema de luz incidente puede determinar en valores de iluminación o de diafragmas las diferencias entre luces y sombras, en suma, el contraste. Tal información se logra con el exposímetro siempre en el lugar del sujeto, apuntando la semiesfera hacia cada emisor de luz que se desee evaluar.

Ponderar los efectos de despegue también es tarea de este sistema, ya que suele resultar dificultoso juzgar el brillo de contorno en el cabello o la vestimenta de un actor, si utilizamos el sistema de luz reflejada.

Digamos en suma, que la dificultad mayor de la aplicación de la luz incidente parece encontrarse en la medición integradora, cuando se debe definir el valor de abertura que utilizará la cámara, de acuerdo a lo apuntado más arriba; pero no es menos cierto que la medición integrada hacia cámara de luz incidente nos proporciona un «borrador», una aproximación a un número f posible, alrededor del cual casi seguramente rondará el valor definitivo de exposición, una referencia útil al momento de confrontar datos, y evitar errores.

EL SISTEMA ZONAL

Hugo E. Álvarez

La visualización es un proceso consciente que consiste en proyectar en la mente la imagen fotográfica final, antes de dar los primeros pasos para fotografiar finalmente al sujeto. No sólo nos referimos al sujeto en sí, sino que tomamos conciencia de su potencial como imagen expresiva. Estoy convencido que los mejores fotógrafos de todas las tendencias estéticas, "ven" de alguna manera su fotografía final antes de que esté completa, bien a través de una visualización consciente, bien a través de una experiencia intuitiva comparable.

Ansel Adams (1902 1984)

Hemos querido comenzar este capítulo con palabras de Ansel Adams, verdadero "padre" del desarrollo teórico del Sistema Zonal, pero que ha basado su discurso en la realización paralela de una obra fotográfica de características muy respetables. y siguiendo su obra y su opinión crítica, deseamos establecer aquí la importancia de la visualización previa de la imagen que se desea obtener de un sujeto real sabiendo, porque ya hemos adelantado el concepto, que no existe registro alguno de imagen en el mundo que pueda salvar y capturar el intervalo de luminancias, ni la brillantez de cada parte de la gama tonal que nos brinda la realidad.

Volvemos a citar a Adams, cuando expresa: "las fotografías son, en cierta medida, interpretaciones de la realidad". De tal modo, visualizar, o previsualizar el potencial de una imagen a realizar, pasa por una atenta observación del sujeto, de advertir cuáles de sus características resulta asequible para el sistema, y aún, cuáles de sus atributos podrían mostrarse con un punto de vista potente y descriptivo, y con un tratamiento, desde la exposición del negativo hasta la copia final, que transmita la interpretación del autor y. resulte atractiva, racional y emocionalmente, para el espectador.

Poder anticipar de qué manera vamos a administrar los controles de una cámara para lograr el rescate pleno de los detalles que nos interesan del sujeto, es una tarea que no puede dejarse de lado; ensayando encuadres, puntos de vista y angulaciones posibles, mientras mantenemos la apreciación de cómo la luz modela, provoca o aplana texturas, es un ejercicio ineludible en cada uno de los cambios de posición que se ensayen.

> *El problema fundamental del fotógrafo principiante, consiste en tomar conciencia de la luz y de los valores tonales en términos de valores de copia fotográfica, pero esta precisión de la percepción se logra con el estudio y la práctica, y se debe saber que es un persistente trabajo aprender a visualizar por ejemplo, algo tan abstracto como una fotografía en blanco y negro. Y no es menos arduo lograr que la imagen final esté imbuida de la subjetividad que hemos deseado transmitir, "el equivalente de lo que vi y sentí"*
>
> (Alfred Stieglitz)

Cualquier decisión técnica debe subordinarse a la observación estética, ya que la técnica tiene la misión de servir al discurso narrativo y no puede ni debe nunca seguirse el camino inverso, aquel de condicionar el acto comunicativo por supuestas o reales dificultades instrumentales. Así que lo primero que haremos, es llevar a cabo el emplazamiento de la cámara, aquel que resulte más atractivo, más ajustado, más necesario a las condiciones del sujeto, en conexión directa con nuestras propias sensaciones.

Acostumbrarse a la rutina de la visualización implica una decisión respecto de someterse uno mismo a cierto clase de entrenamiento personal; una primera etapa en ese sentido puede partir de la observación reflexiva de la realidad visual que nos rodea.

Sabemos, en términos teóricos y prácticos, que la reproducción fotográfica tiene tres escalones tonales de identificación aparentemente sencilla: *negro, gris medio y blanco*, pensando en todos ellos como manifestaciones puras de brillos generados por un sujeto iluminado. Sin embargo, la realidad no es tan simple en cuanto al comportamiento de las superficies reflectantes; si observamos una tela negra con detenimiento, veremos que en realidad refleja parte de la luz que recibe en ciertas áreas normalmente determinadas por pliegues, y en esos lugares, la tela se aleja bastante de lo que consideramos un negro absoluto y anula en términos prácticos nuestra idea conceptual de tono.

No es gratuito a esta altura, decir que casi todo lo que consideramos intelectualmente negro, en realidad posee brillos que el registro de una emulsión clasifica como grises más o menos oscuros. Ocurre lo mismo con el blanco, que la decodificación fotográfica suele situar en grises claros y no en el extremo absoluto y falto de detalles de la idea previa.

Pongamos en marcha una idea práctica; situemos en una habitación iluminada por una ventana, cuatro atriles con la siguiente ubicación: el primero, muy cerca de la ventana; el segundo, un metro por detrás del primero; el tercero, un metro por detrás del segundo y el cuarto, un metro más allá del tercero, todos ellos enfrentados a la fuente de luz. Pongamos en cada uno de los atriles cartulinas blancas, y observemos desde la ventana; veremos que la primera cartulina nos parece francamente blanca, pero los restantes en comparación, nos provocarán una sensación menos pura de blanco, acentuada en términos de la distancia de las cartulinas 3 y 4. Sin duda, el ojo resume el concepto de brillos mayores o menores, de acuerdo a la proximidad del objeto con relación a la fuente de luz; ahora bien, adelantémonos para sacar de nuestro campo visual a la primera cartulina; la idea de *blanco* será ocupada ahora por la segunda cartulina, y la tercera y cuarta nos parecerán dos tonos de gris claro.

Este ejemplo trata de formar el concepto de la adaptación del ojo humano a las condiciones de iluminación y reflectancia; pero las películas no funcionan así, porque para empezar no tienen reconocimiento intelectual sobre lo que es blanco o negro, y tal ordenamiento sólo se consigue por la decisión que toma el operador respecto de la exposición relativa de cada área del sujeto; si tomáramos una fotografía de las cuatro cartulinas, desde nuestro primer punto de observación y deseáramos una representación figurativa, obtendríamos una imagen con blanco para la primera y grises crecientes para las otras tres, pero si quisiéramos, podríamos representar grises a las cuatro, o blancas o negras. La ubicación en la escala de registro es la que determina el tono de una superficie y no la realidad objetiva· o subjetiva de nuestra percepción, la fotografía no es ni está atada en forma alguna a la realidad. Es más, posee todos los elementos necesarios para conducir a la abstracción.

Dejando sentado entonces que por los reflejos que genera un sujeto, nada es tan blanco ni tan negro a la hora de exponer, detengámonos un momento en el gris medio, es decir, el tono central de la escala de reproducción, que coincide con la carta gris normalizada de 18 % de reflexión. El tercer ejercicio que nos imponemos, es el de poder identificar este tono en una escena dada y no es una mala idea tener a mano precisamente una carta de 18 %, para comparar, en las mismas condiciones de iluminación, la densidad de la carta y la del área que suponemos idéntica. Más adelante, la idea certera de esta densidad se formará en nuestra memoria, y la carta podrá descansar.

Por ahora nos resulta útil, y sepamos que, *si el brillo que consideramos "gris medio" es trasladado como valor de diafragma para nuestra exposición, esta parte del sujeto se representará precisamente como un gris normal de 18 %.*

En pocas palabras: el entrenamiento del fotógrafo que se acerca a la práctica del Sistema Zonal, pasa por la identificación visual de las áreas del sujeto que podrían ser negras o blancas en la imagen final, de aquellas que darán grises oscuros cercanos al negro, de aquellas que se representarán como grises claros próximos al blanco, y de cuál podría ocupar el lugar del gris medio, sabiendo que el valor de brillo de este último, sería referencial en la elección del diafragma de exposición.

Nótese que no hemos hablado nunca asociando brillos con colores y no es que los ignoremos; simplemente ocurre que la imagen fotográfica está basada en la captación de energía, y resulta recomendable que el operador se abstraiga del color, que "piense" en blanco y negro para juzgar con el exposímetro una escena, y que ayude a su visualización mirando a través de un filtro de contraste. Después se ocupará del color, como información estética adicional de la imagen a conseguir.

TARJETA GRIS DE KODAK
(KODAK GRAY CARD)

Traducción
Héctor J. Fontanellas

METODOLOGIA DE SU USO

A Para determinar la EXPOSICIÓN:

1) Todas las lecturas sobre la TARJETA GRIS, ya sea con exposímetros manuales o incorporados en cámaras fotográficas, son REFLEJAS de la iluminación que llega en forma incidente a dicha tarjeta.

Para tener una exposición exacta, debe asegurarse que la TARJETA GRIS esté recibiendo la misma iluminación que el sujeto a ser fotografiado.

2) Colocar la TARJETA GRIS dirigida hacia cámara sin que en ella haya sombras, ni reflejo de objetos brillantes de color, ni cualquier otro reflejo especular que provenga de otro lugar.

3) Generalmente, la medici6n fotométrica se realiza sobre la zona gris de la tarjeta y tomando la rapidez (sensibilidad) normal de la película. Sin embargo, cuando la luz existente es muy oscura,

y no puede hacerse la lectura en la zona gris de la tarjeta, dividir la sensibilidad (rapidez) de la película por 5 y tomar este valor en el exposímetro haciendo la lectura fotométrica sobre el lado blanco de la tarjeta.

4) Asegurarse de medir solamente la TARJETA GRIS, para ello la medición debe hacerse a una distancia aproximada de 15 cms.

Si la medición se realiza con una cámara fotográfica con fotómetro incorporado y con óptica normal, o SPOT METER (exposímetro puntual) se podrá ver con exactitud la zona de lectura. Evitar echar sombras sobre la tarjeta.

5) Con luz artificial (artificial light) debe ubicarse la TARJETA GRIS cerca y frente al tema, apuntando a mitad de camino entre luz principal (key/main light) y la cámara.

6) Con luz de día (day light) colocar la TARJETA GRIS tan cerca como sea posible del tema y dirigirla hacia la cámara. Si la luz fuera pareja en toda zona de acción, la tarjeta puede ubicarse cerca de cámara para la medición, manteniendo la direccionalidad.

7) Si el tema fuera bastante oscuro, aumentar la exposición de 1/2 a 1 punto de diafragma.

8) Si el tema fuera bastante claro, disminuir le exposición fotométrica, de 1/2 a 1 punto de diafragma.

9) Ubicar el exposímetro de la mejor manera posible respecto de la TARJETA GRIS.

Aiming the Gray Card in Artificial Light or Outdoors in Daylight

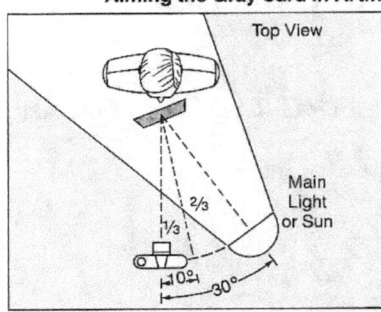 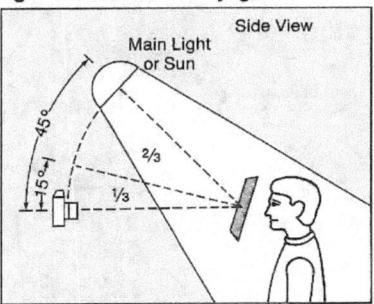

Aim card one third of angle between camera
and main light or sun both horizontally and vertically
(The number of degrees shown here is for one example.)

B Determinación de RATIOS DE ILUMINACIÓN:

10) Los RATIOS de iluminación determinan la relación entre la luz principal (key/main light) y la luz de relleno (filling light).

11) Cuando se requieran detalles en las copias finales, generalmente los RATIOS no deberán exceder el 3 : 1 para color, y el 5 : 1 para blanco y negro.

12) Usted puede utilizar una TARJETA GRIS para determinar, y si es necesario, ajustar el RATIO de iluminación en un lugar particular. Seguir estas sugerencias;

Colocar la tarjeta tan cerca como sea posible del tema.

Para tomar una lectura de la luz principal (key/main light) dirigir la TARJETA GRIS hacia esa luz (en forma incidente) y medir con el exposímetro manual o cámara de fotos, esa reflectancia.
Apagar las demás luces para evitar que influyan sobre la tarjeta o exposímetro.

Para leer la luz de relleno (filling light), dirigir la TARJETA GRIS hacia esa luz y medir la reflectancia con el exposímetro manual, o cámara de fotos. Evitar que le lleguen reflejos de las demás luces

Con ambas lecturas, determinar el RATIO de iluminación.

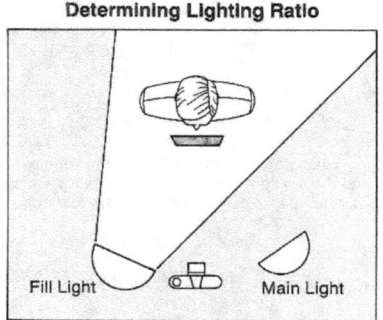

Determining Lighting Ratio

Fill light should be close to camera axis for typical lighting arrangement

C Para determinar el BALANCE DE COLOR:

13) Incluyendo una TARJETA GRIS de Kodak en la escena, le será más fácil balancear los colores al hacer las copias de color.

Esta tarjeta puede estar ubicada a un costado del personaje. Asegurarse que la tarjeta reciba la misma iluminación que el sujeto.

14) Fotografiando la TARJETA GRIS, usted está registrando el color de la luz en el diseño de iluminaci6n de la escena. Cuando haga las copias de este registro le será de utilidad para el filtraje de las mismas.

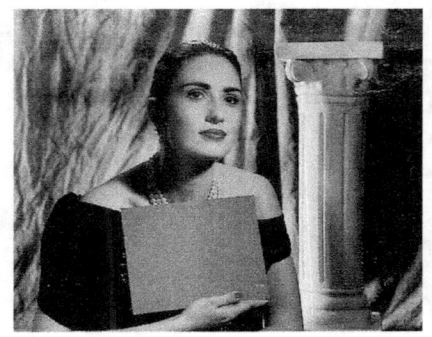

D Para determinar la exposición en PRIMER PLANO y COPIAS COLOR:

15) Para hacer una lectura de exposición en las copias de trabajo colocar la TARJETA GRIS de Kodak en el mismo plano de la copia.

Haga una lectura "refleja" de la luz que recibe la tarjeta. Utilice la cámara fotográfica ubicada en el soporte de la ampliadora o haga la medición con un exposímetro manual para luz refleja.

16) Si el plano de la mesa estuviera más cerca que 8 veces la longitud focal de la lente, usted deberá compensar esa lectura a menos que su cámara haga la lectura a través del lente en cuyo caso se compensa automáticamente.

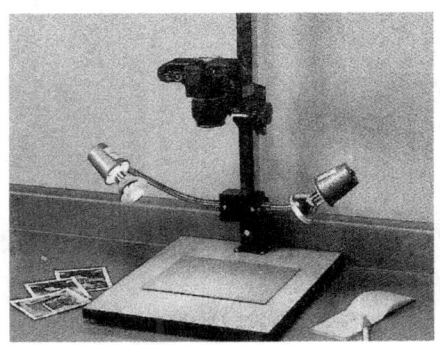

17) Si desea comparar densidades de reflexiones impresas; la reproducción del lado blanco debería tener aproximadamente 0,04 en densidad, y el lado gris debería reproducirse en una densidad aproximada de 0,74.

INSTRUMENTOS DE MEDICIÓN Y CONTROL DE LA IMAGEN DIGITAL

Pablo Dagassan

Cuando registramos una escena en video, más allá de la cámara que estemos utilizando, o los criterios de encuadre, o el tipo de lente, o el diseño de la escenografía y vestuarios, clima fotográfico, etc., hay 2 factores fundamentales que debemos controlar para obtener una buena imagen y no tirar por la borda todos los esfuerzos realizados por las distintas áreas en ese sentido, a saber:
- una excelente exposición
- una excelente reproducción del color

Para entender esto debemos primero conocer un poco sobre el significado del "Rango dinámico" de los sensores de cámara y como está compuesta la señal de video.

Rango dinámico:
El rango dinámico de un sensor vendrá dado por la relación entre la máxima exposición que dicho sensor sea capaz de captar antes de saturarse, y la mínima luminosidad que puede registrar con detalle en las sombras. Este segundo aspecto en la determinación del rango dinámico es mucho más complicado de delimitar ya que depende de nuestra consideración sobre el ruido en el sensor.

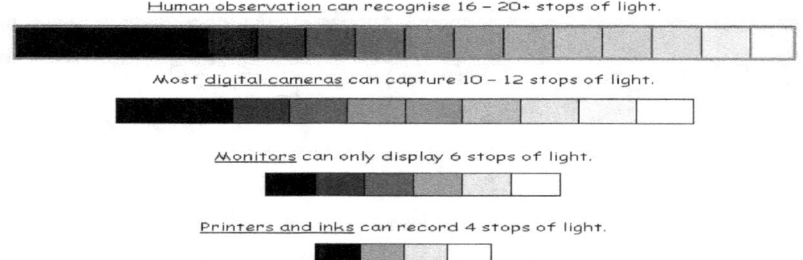

Como vemos en el gráfico, es imposible captar con la cámara todos los brillos que nuestro ojo es capaz, por ello debemos trabajar la luz de la escena de manera que podamos comprimir todos los brillos que llegan a cámara, dentro de sus parámetros perceptivos, esto es, ubicar el máximo brillo (cielo, ventana, reflejo, etc.) en el pico máximo que nuestro sensor permite representar alguna textura apenas distinguible, y nuestro punto más oscuro (sombras duras, ropa oscura, etc.) en el punto de umbral de imagen apenas perceptible por el sensor sin incorporación de ruido en la señal.

Una característica típica de los sensores digitales es la de captar la imagen con una peor relación señal a ruido cuanto menor es el grado de exposición. En una escena de un rango dinámico determinado, las partes del sensor correspondientes a las zonas más oscuras de la misma resultarán con una exposición menor, y por lo tanto con una peor relación señal a ruido. Cuando se hace lo bastante grande en relación a la señal, este ruido enmascara la imagen útil destruyendo las texturas que en realidad queríamos captar. Es precisamente esta destrucción de texturas o interferencia del ruido en las sombras la que delimita el rango dinámico útil del sensor en los diafragmas bajos, en los diafragmas altos el único límite es la saturación.

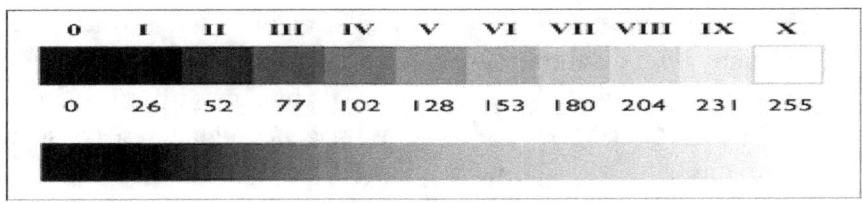

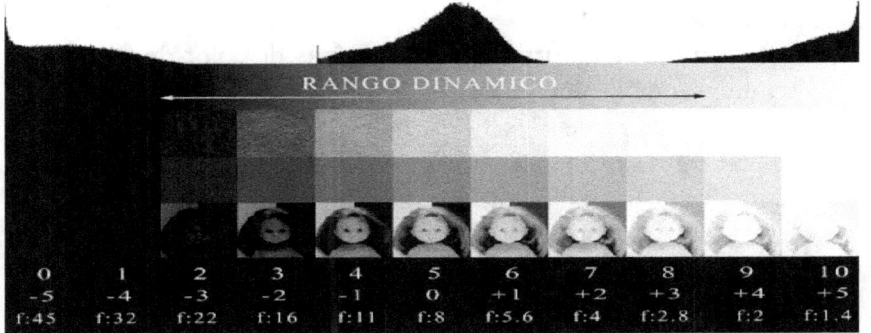

Composición de la señal de video:

La señal de video compuesto está formada básicamente por dos magnitudes: por un lado la señal de luminancia, también llamada luma, es la encargada en cierta manera de representar el brillo o luminosidad de una imagen, lo que da como resultado una imagen en blanco y negro o acromática. Por el otro lado la señal del color, llamada crominancia. Esta es la componente de la señal de vídeo que contiene las informaciones del color. El color está definido por dos magnitudes, la saturación, que nos da la cantidad de color y el tinte que nos dice qué color es. Dependiendo del sistema utilizado para la codificación de una imagen estas dos magnitudes toman diferentes formas.

Mediante diferentes instrumentos de medición que ya explicare, obtendremos las referencias necesarias para la manipulación y control de la señal de video tanto en rodaje como en la postproducción.

Los sistemas de video digital funcionan en bits, y es la unidad mínima de información que cualquier ordenador puede entender. Un bit sólo puede tener 2 valores: 1 (on) o 0 (off). Es la manera en que funciona el sistema binario. Combinando bits en distinto orden, número y con distintos valores, es como se logra componer cualquier información digital. A mayor número de bits, más información.

De esta manera, el color en las imágenes digitales, se construye mediante bits. Por ejemplo una imagen de 1 bit, tendrá sólo valores de blanco (1) y negro (2), con lo cual su profundidad de color o bit depth será limitada.

A medida que aumentamos los bits de color de una imagen, tendremos más valores con los que representarla.

Normalmente con 8 bits, que equivalen a 256 valores distintos, tenemos suficiente para representar el color de una imagen y que resulte real para el ojo humano. Esos 8 bits, en realidad, son bits por cada canal de color (RGB), es decir cuando se habla de una imagen de 8 bits, nos referimos a 256 niveles de rojo x 256 niveles de verde x 256 niveles de azul, de esta manera obtendremos 16.777.216 de colores.

Monitor forma de onda:

El monitor de onda es un dispositivo encargado de medir la tensión, o voltaje del barrido horizontal de un haz de electrones, por tanto es una relación entre voltaje y tiempo. A mayor voltaje más luminosidad, y a menor voltaje más oscuridad. Este instrumento, que puede ser utilizado en cámara o como accesorio externo, es el análogo al exposímetro manual, nos mide los valores de brillo que tenemos en la escena desde el más bajo al mayor. En una pantalla de un monitor de onda tendremos en el eje vertical una escala de voltajes, valores IRE, o porcentajes, dependiendo de si trabajamos en PAL, NTSC u otros formatos. Por lo que en la parte superior tendremos representadas las partes más luminosas de nuestra imagen, y en la parte inferior las más oscuras. En el eje horizontal sin embargo tendremos una representación resultado del escaneo horizontal de nuestra imagen, esto quiere decir, que si en nuestra imagen tenemos un punto luminoso *n* unidades a la izquierda de la imagen, en nuestro monitor de onda, a *n* unidades de la izquierda tendremos un pico que destacará sobre el fondo de nuestra onda, y que se situará tanto más alto en la vertical, en función de su luminosidad.

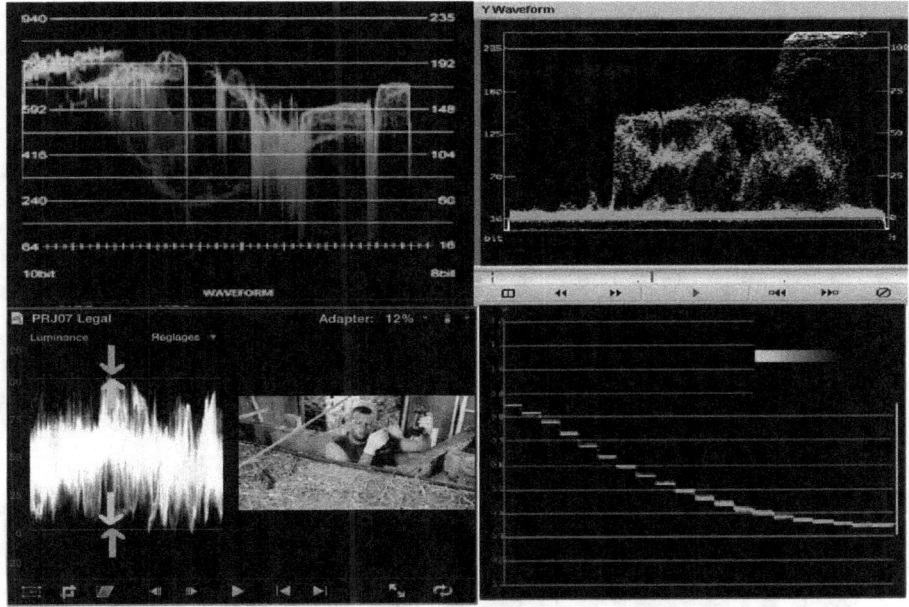

La señal de luminancia se puede corregir con algún control de video asociado al brillo, contraste, ganancia, etc. De esta forma un aumento de brillo elevará toda nuestra señal hacia la parte superior, una reducción de brillo hacia la inferior, un aumento de contraste expandirá la señal hacia arriba y hacia abajo y una reducción de contraste contraerá la señal hacia el centro, etc...

Esto es relativamente fácil de asimilar, sin embargo depende de nuestro monitor de forma de onda, podemos encontrarnos con múltiples escalas. Una de las más habituales actualmente es la IRE que puede oscilar entre -20 y 120. En la escala IRE 0 será nuestro negro y 100 nuestro blanco, sin embargo si trabajamos en NTSC nuestro negro se situará en 7,5. Otras escalas cómo la de Adobe Premiere CS5 (si trabajamos en PAL), y algún otro monitor, se divide entre 0,1V y 1,2V, donde 1V equivale al blanco absoluto o 0,7V y 0,3V equivale al negro o 0V. Ya que estamos trabajando en video digital, ya muchos monitores de forma de onda trabajan en RGB 8 bits, por lo que el negro máximo se sitúa en 16 y el blanco máximo lo sitúan en 235. Final Cut, por ejemplo para evitarse confusiones ya trabajan en una escala de porcentajes de 0% a 100%. En cualquier caso, la mayoría de monitores de onda, ya poseen unas marcas que nos dan indicios de los valores máximos, o simplemente basta con generar unas barras para ver donde se sitúan dichos valores.

Si nuestros valores de blanco se muestran fuera de los valores máximos que se nombraron anteriormente, estos no solo que no serán registrados ni si quiera con un mínimo detalle (tanto en sombras como en altas luces) sino que también aportaran ruido a la imagen afectando gravemente a la calidad del video o serán clipeados o recortados, automáticamente, por el medio que los emita o reproduzca, con consecuencias un tanto imprevisibles sobre la apariencia de nuestra imagen.

Una de las utilidades de este instrumento, combinado con la carta de escala de gris ubicada delante de cámara, es que se puede comparar la respuesta de diferentes cámaras o una misma cámara con diferentes settings. Se puede observar la respuesta al contraste, la sensibilidad, etc.

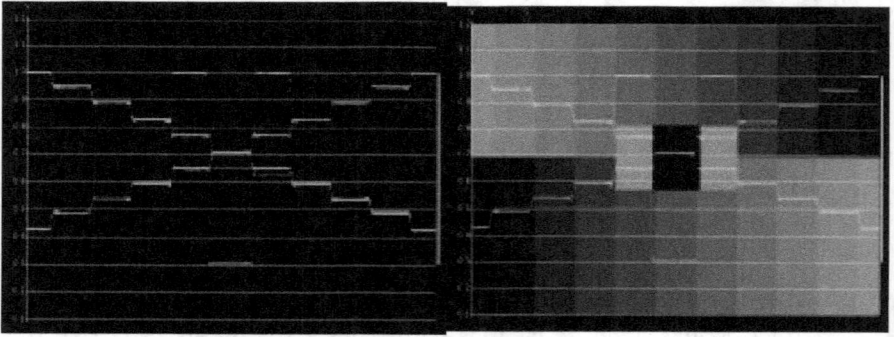

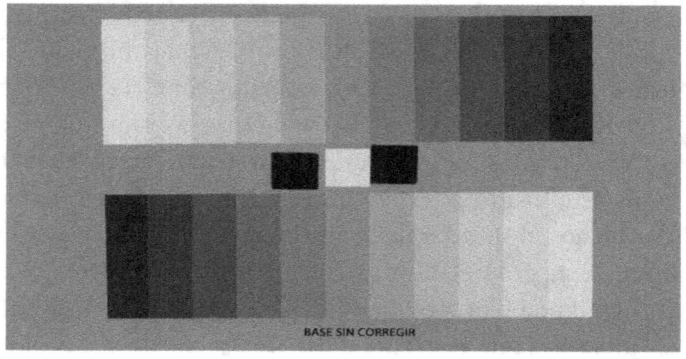

BASE SIN CORREGIR

Vectorscopio:

Se utiliza para realizar comprobaciones específicas de la señal cromática. Este equipo es capaz de extraer a partir de la señal de video compuesto, la información de crominancia, interpretarla y representar en el eje vertical la señal diferencia de rojo (R-Y) y en el horizontal la diferencia de azul (B-Y). La señal de crominancia se organiza en dos subportadoras, por una parte el croma (conocido coloquialmente como saturación), codificada como la amplitud y por otra parte el tinte o hue codificado en la fase. Si partimos de un plano X-Y, donde el eje vertical es V, también expresado como R-Y y el horizontal U o B-Y, podemos dibujar una serie de vectores definidos por su módulo o croma y su argumento o tinte.

Además, en la retícula del vectorscopio se nos muestran seis referencias relativas a los colores primarios Rojo, Verde y Azul (RGB) y los secundarios cían, magenta y amarillo (Cy Mg Yl), seis pequeñas cajas marcadas como "R", "G", "B", "M", "Cy" y "Yl". Estas son las siglas para rojo (red), verde (green), azul (blue), magenta (mg), cian (cyan) y amarillo (yellow); los colores primarios y secundarios usados en la TV a color y habitualmente se muestran dos regiones para cada tinte, la interna se corresponde a los niveles del 100% usados en PAL (amplitud y croma al 100%) y la externa al 75% para NSTC (amplitud 75%, saturación 100%). Además se nos muestran los habituales ejes de coordenadas, siendo de especial interés el ubicado entre R y Yl ya que es en esta región donde se localiza el color de la piel humana, independientemente de la raza.

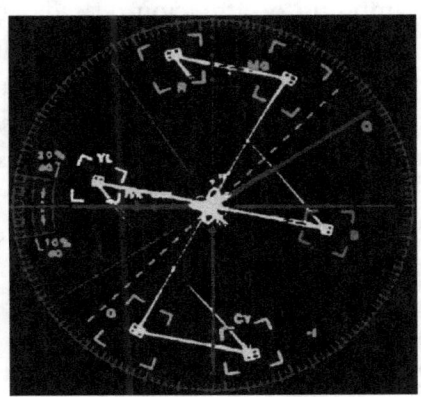

El ojo percibe el color de manera muy subjetiva, de modo que cuando se trata de juzgar con precisión la calidad del color, el ojo puede fácilmente extraviarse. Por lo tanto necesitamos una manera más científica para juzgar la precisión del color (y ajustar nuestro equipo para reproducir el color correctamente).

Las cartas de color diseñadas para vídeo emulan el comportamiento de las barras, ya que entre otros contienen la serie básica de colores primarios y secundarios de las barras SMPTE, lo cual permite usar las referencias tradicionales de las barras. Además el uso de otros colores como los tonos de piel nos sirve de referencia adicional al ser una gama de colores perfectamente delimitada en el vectorscopio. El uso de las cartas de color para video (colorchecker video, one shoot, etc.) son una herramienta indispensable para la calibración del color tanto en rodaje como en postproducción, ya que estas están diseñadas con colores y escalas de gris calibrados y que se toman como referencia para luego ser reproducidos durante la postproducción.

Cuando estas cartas son colocadas frente a cámara bajo las mismas condiciones de luz en escena se genera un patrón de prueba compuesto por vectores de cada color, y éstos deben "caer" en sus cajas correspondientes.

Si los vectores inciden significativamente fuera de sus "áreas asignadas" existen problemas de color. Algunos son fáciles de arreglar (simplemente girando la perillas del ajuste de fase, o cambiando el balance de blanco); algunos otros no. El vectorscopio también muestra la amplitud o saturación de cada color. La saturación del color medida en porcentajes, es indicada por la distancia existente entre el centro de la gráfica y el punto de alcance del vector.

Las regiones de los tintes primarios y secundarios de un vectorscopio corresponden con los colores de las famosas barras SMPTE ya sean para PAL o para NSTC, ya que en origen estos dispositivos, estaban concebidos para chequear, entre otras cosas, una señal con un patrón de barras SMPTE definido, por lo que era fácilmente discernible si un determinado dispositivo o señal poseía variaciones no deseadas en la señal de crominancia.

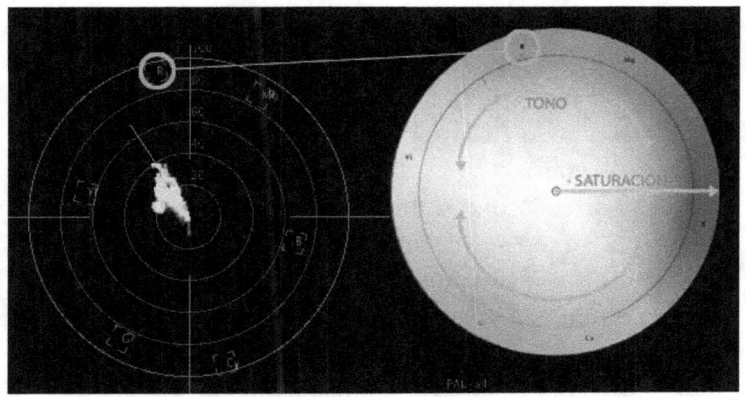

En el punto central tenemos al blanco y el negro, no tenemos ni saturación ni tinte o color, es decir que este instrumento es excelente para realizar un perfecto balance de blancos; al registrar una carta blanca calibrada debe verse un punto en el justo centro de la grafica, si observamos un desvío es que el balance esta virando a un determinado color (el que nos indique la dirección de la grafica), en ese caso deben aplicarse correcciones para llevar el punto al centro y de esta manera tendremos el balance de color calibrado para la reproducción de la escena.

Estos instrumentos son realmente útiles y necesarios para el tratamiento de las imágenes durante la postproducción, mediante la comprensión de su funcionamiento es que aprovecharemos al máximo estas herramientas. Mediante su utilización conjunta podremos empatar tomas entre sí, tanto en niveles de brillos como en tonalidades de color.

Histograma:

Un histograma muestra la distribución de los pixeles que hay en una imagen para cada valor de luminosidad, al igual que el monitor forma de onda, este instrumento mide valores de brillo sin tener en cuenta el color, mostrado en 256 columnas verticales alineadas, y que cada una, muestra un distinto valor de luminosidad de forma progresiva entre el 0 a la izquierda (negro profundo sin detalle) y 255 a la derecha (blanco total sin detalle).

Cuando hablamos de "tonos claros", o de "tonos oscuros", o de "valores de luminosidad", nos referimos a los niveles de brillo de los colores, podemos tener una zona en nuestra fotografía de color "rojo muy claro", con lo cual los pixeles que representarían ese color en un histograma, estarían en la zona derecha del mismo, podemos tener un "rojo normal", que se mostraría en la zona central, o un "rojo muy oscuro" que a su vez sería representado en la zona izquierda del histograma con una cantidad proporcional de pixeles al de la zona ocupada por dicho color. Lo mismo pasaría con zonas amarillas, verdes, azules, etc., hablamos de niveles de brillo, no de colores.

Si observamos un histograma de una imagen en RGB de 8 bits, el eje horizontal representa los diferentes niveles de luminosidad de la imagen, es decir la cantidad de pixeles de cada grado de luminosidad encontrados en la imagen, en un rango que va como decíamos desde el 0 (negro profundo y sin detalle) a la izquierda, hasta el 255 (blanco puro sin detalle) a la derecha.

La altura del histograma representa la cantidad de pixeles que aparecen en la imagen con cada determinado valor de luminosidad, es decir un pico de gran altura en determinada zona del histograma, quiere decir que hay mucha zona de la imagen con el valor de luminosidad correspondiente a la zona donde se encuentra dicho pico en el histograma.

Esto quiere decir que un histograma con grandes picos en la zona izquierda y en la derecha y pocos pixeles en la zona central, es un claro indicativo de una fotografía muy contrastada (muchos pixeles oscuros, pocos con tonos medios y muchos muy claros) mientras que un histograma con la mayoría de los pixeles localizados en la zona central y escasez de pixeles en la zona derecha y en la zona izquierda es señal de una fotografía muy poco contrastada (muchos pixeles en los tonos medios), si los picos se acumulan a la izquierda será una fotografía en la que predominen los tonos oscuros, y si esta información esta prioritariamente en la derecha, se tratará de una imagen muy clara.

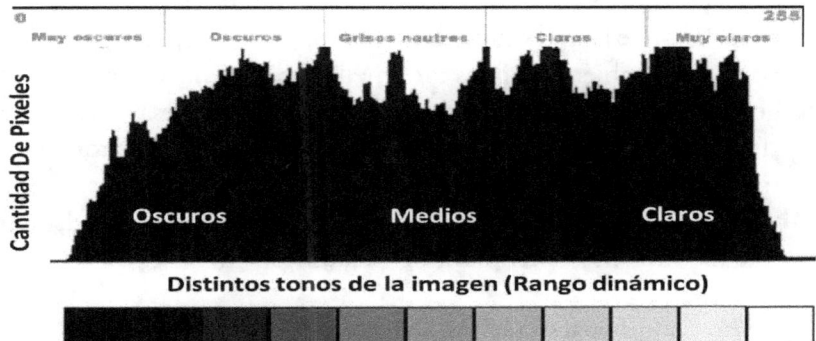

Falso color:

El "false color" también es un instrumento de medición que nos permite observar y evaluar los distintos valores de brillo que tiene la imagen mediante la utilización de un código de colores preestablecidos que nos indican diferentes rangos de luminosidad según el color en el que se transforma la imagen. Cuando es activado, nuestra imagen se torna de diferentes colores según los rangos de brillo de las diferentes zonas de la imagen, estos colores no afectan a la grabación, sino que se visualizan sobre la misma según los diferentes brillos y respondiendo a los valores que se ven en el siguiente cuadro:

- PURPURA mínima exposición, negro sin textura, debajo de 0 IRE o del 0% según el monitor forma de onda.

- TURQUESA 3 diafragmas por debajo del gris medio.

- VERDE valor del gris medio de 18%.

- ROSA representa el tono de piel caucásica (+1 diafragma del gris medio)

- MOSTAZA 2 diafragmas más que el gris medio.

- AMARILLO 2/3 de diafragma por debajo de la máxima exposición (blanco con textura).

- NARANJA 1/3 de diafragma por debajo de la exposición máxima.

- ROJO máxima exposición, por sobre los 100 IRE o 100% según monitor de forma de onda.

De esta manera podemos visualizar rápidamente los niveles de exposición de la imagen y evaluar las zonas de sub y sobre exposición como así también las zonas intermedias. Si tenemos áreas de la imagen que se ven azules en false color significa que esas áreas estarán subexpuestas, y si otras áreas se ven en tonos amarillos y rojos estaremos ante una sobre exposición.

Puede ser utilizado en cámara (las que vienen equipadas con este instrumento) o en monitores externos.

Referencias bibliográficas:
- Art Adams, Provideocoalition (http://www.provideocoalition.com/what-good-is-a-macbeth-colorchecker-chart/) - José Pereira, Digitalheritage (http://www.jpereira.net/gestion-de-color-articulos/sensitometria-raw-curvas-de-contraste-y-demas-conspiraciones)
- Blog del Fotógrafo- David Torcivia, Let's Talk Monitors: What Make`s a Good Display (https://davidtorcivia.com/lets-talk-monitors-display-basics/) .

XII
ARTÍCULOS VARIOS

LA CÁMARA DE VIDEO

Pablo Dagassan

Las cámaras de video digital son una herramienta primordial en el proceso de producción de las historias y creación de contenidos audiovisuales. En la actualidad, a diferencia de unos pocos años atrás, disponemos de una gran variedad de equipos digitales para satisfacer las necesidades de producción según el grado de calidad que busquemos o el presupuesto disponible. A continuación veremos una breve reseña, a modo de ejemplo, de tres cámaras de diferente gama y con características también diferentes.

Canon 70D:

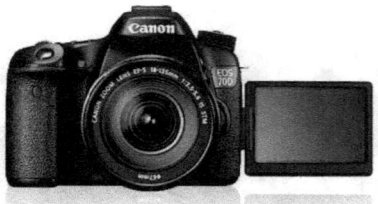
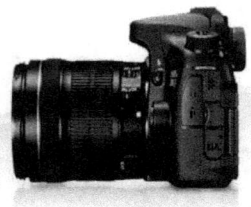

La mayoría de las cámaras réflex digitales DSLR ofrecen la posibilidad de grabar vídeo en Alta Definición. Fotografía y vídeo convergen en una misma máquina, gracias al soporte digital que facilita esta unión.

Esta cámara, al igual que todas las de su estilo, fue pensada para la fotografía fija, incorporando la grabación en video y una serie de funciones para tal fin fueron ganando terreno en el campo audiovisual. Su tamaño y ergonomía no son de lo más útil para el trabajo en video, sin embargo, hoy en día hay toda una industria de accesorios alrededor de las cámaras réflex, que consiste en dotarlas de puños y hombreras, pantallas más amplias, follow focus, matebox, trípodes robustos, micrófonos externos, y todo accesorio que ayude a que esta cámara haga una buena labor de grabación de vídeo.

Pueden grabar videos fullHd hasta 30 fps. a un códec con una alta compresión como es el H.264. Para grabar vídeo, si no vamos a editarlo o para reproducir, es un buen códec, ya que el tamaño de los archivos se reduce considerablemente. Sin embargo, a la hora de la edición, necesitamos archivos con una compresión mínima donde se conserve la máxima información posible.

Algunas características a resaltar:
- Buena portabilidad por su bajo peso y tamaño reducido.
- Lentes intercambiables y la posibilidad de reutilizar viejos lentes fotográficos de gran calidad.
- Grabación en memorias SD de bajo costo. Algunas están dotadas de doble slot de memoria que nos permite realizar grabaciones más extensas.
- Cuenta con salida HDMI lo que permite monitorear en cualquier monitor de bajo costo.

Blackmagic Cinema camera 2,5K:

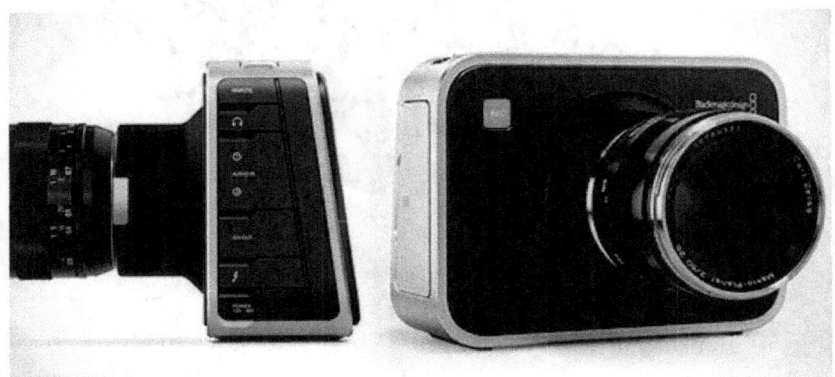

Es una cámara que graba a 2.5K con formato Raw y en full HD con compresiones de gran calidad como el Prores y Avid DNxHD, graba directamente sobre disco de estado sólido (SSD) que puede ser removido para instalarlo en una estación de postproducción y colocar otro disco en cámara para seguir grabando.

Cuenta con, de forma opcional, tres tipos de montura para lentes, EF, PL o MFT. Está equipada con entradas de audio conexión plug TRS (no XLR y sin Phantom Power), cuenta con salida de video SDI pero no tiene HDMI.

La cámara posee una batería interna recargable con una duración aproximada de 90 minutos, esta batería a diferencia de las de las DSLR u otras cámaras de vídeo, no se puede quitar y poner una recién cargada ya que es una batería interna. En este caso tenemos que considerar el uso de alguna fuente de alimentación externa de energía a la cámara, ya que no podemos arriesgarnos a quedarnos sin batería al poco tiempo.

Tiene la posibilidad de introducir metadatos con las tomas directamente escribiendo desde su pantalla touchscreen.

Red Epic Dragon:

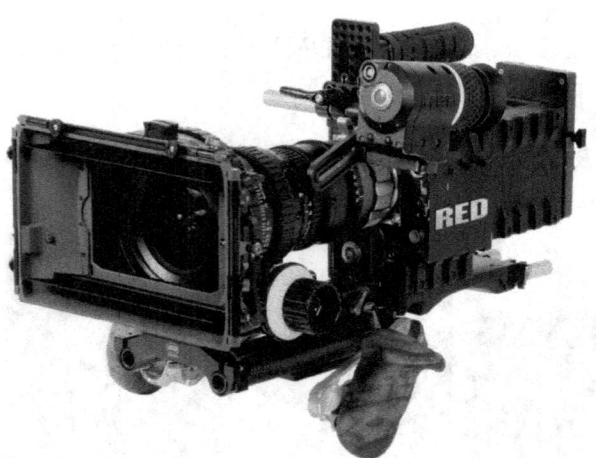

Esta es una cámara pensada para realizar "cine" en video de gran calidad, sin compresión y con gran rango dinámico, esto nos permite gran versatilidad para el trabajo de postproducción sin perdidas de calidad en la imagen.

Es una cámara con un sensor de 6K, grabación raw, y con tecnología escalable, es decir que se le pueden ir agregando accesorios propios de la marca, e incluso cambiar el sensor, para obtener mejores prestaciones y adaptarse a necesidades según la producción.

Grabación a más de 200MB/s en memorias de gran velocidad propias de la marca (512Gb y 1Tb) y velocidades de obturación de hasta 100fps. lo que permite la cámara lenta.

Pueden utilizarse una gran variedad de lentes cinematográficos con prestaciones profesionales de alto nivel.

Conclusión:

En fin, son muchas las opciones que tenemos y las posibilidades que estos equipos nos dan a la hora de realizar nuestro proyecto audiovisual , y creo que debemos meditar sobre una cuestión, y es que estos equipos no van a hacer nada por si solos, somos nosotros los que debemos crear ideas y plasmarlas de una manera inteligente, de nada sirve una buena cámara si no tenemos la capacidad de manipular, disponer o captar de una manera acorde a los intereses del proyecto, los elementos o situaciones que se desarrollan frente a ella.

"APUNTES SOBRE LA PUESTA DE CAMARA"

Rodrigo Fierro

La fotogenia de lo imponderable...
Jean Epstein

La *puesta de cámara* como complemento y contrapartida de la puesta en escena, -su antecesora proveniente de la tradición teatral-, constituye uno de los elementos fundamentales y particularmente específico de la gramática y narrativa del lenguaje cinematográfico en especial, y audiovisual en general.

Cobija un conjunto de decisiones, operaciones técnicas, y definiciones estéticas, que como un todo operante, coherente e interrelacionado, cuesta precisar y poner en funcionamiento. Es frecuente observar en trabajos de alumnos y personas que se están iniciando en la disciplina de la imagen cinética, cómo la noción de *puesta de cámara* está diluida.

Sus elementos constitutivos, suelen verse envueltos en apreciaciones y usos aislados, cuando en realidad su interrelación y coherencia interna dentro de la narrativa es estrecha. Son los realizadores, directores de fotografía, y camarógrafos, quienes llevan el pulso de sus movimientos, obturaciones, focos y desenfoques, acercamientos y lejanías, persiguiendo la concreción de una *puesta de cámara* armónica y clara.

La misma, involucra activamente las decisiones del Director de Fotografía (DF), en relación a la planificación del estilo de planos, puntos de vista, elección de las ópticas, diafragmas de rodaje, y utilización expresiva de la profundidad de campo entre otros. Así mismo, acota anticipadamente lo que serán las posibilidades futuras de montaje del material. Estas posibilidades disminuyen mientras menos tomas por secuencia y escena se filmen, ya que matemáticamente las variables de alteraciones de orden y relación se restringen. De alguna manera, el espacio de encuentro del trabajo entre el DF y el montajista, se encuentra enmarcado por la *puesta de cámara*.

La misma también constituye el ojo por le que el DF ve la película o pieza audiovisual, y por la que invita a asomarse a futuro a los espectadores. Es la construcción de una mirada, y por esto mismo, en ella se puede ir cimentado con el tiempo un estilo.

Distinguimos elementos técnicos, decisiones narrativas y estéticas que conforman esto que comprendemos como un todo coherente, *la puesta de cámara*.

Elementos constitutivos:

a) Encuadre:

El encuadre define lo que vemos, y por ende lo que no vemos. El campo y fuera de campo. El recorte, la *"ventana abierta al mundo"*[1] por la que nos asomaremos al universo audiovisual. La fuerte impronta que tiene la elección entre lo que se verá y lo que no, es ineludible. Se suma también la organización que se otorgue dentro del cuadro a las formas, contrastes, personajes, colores dentro de ese marco de lo visible. En este escenario, a la hora de acompañar el encuadre de los personajes y elementos, participan también las reglas compositivas: la teoría de la percepción (Gestaldt), las aplicaciones de secciones áureas o reglas de los tercios, y todas las nociones de sintaxis de la imagen y composición. Tanto el Director de un film, como el Director de fotografía, y Camarógrafo pueden trabajar arduamente para definir y concretar este encuadre. [2]

---
[1] André Bazin, "Que es el Cine".
[2] "Trabaja mucho el encuadre, y todo lo que se ve en cuadro parece puesto aleatoriamente, pero está

b) Punto de vista de cámara:

La expresión "punto de vista" resulta particularmente significativa, puesto que enuncia un *desde donde* se verá la escena, ya sea de manera fragmentada o en sucesivas tomas. Éstas actualizarán ese *desde donde* tantas veces como "tiros de cámara" se escojan, o movimientos de cámara significativos se generen.

A la vez, alude de manera mas amplia a una profunda decisión. Decisión narrativa y estética, que da cuenta del trabajo en equipo entre el Director, y su Director de Fotografía: *desde donde* se contará la historia, y desde donde se invita al espectador a asomarse al universo visual planteado. Incluso, desde el punto de vista de qué personaje se narra la historia.

Rastreando la genealogía de este concepto y su importancia, observamos como origen la representación espacial tratada en la *perspectiva monocular*[3] desde el renacimiento pictórico; y en la representación teatral clásica, el punto de vista unificado entre el escenario y el público, que también complementa esta génesis.

A priori parece una decisión simple: dónde poner la cámara. Pero a medida que se transita el oficio, se palpa lo sustancioso, profundo y complejo que engloba esta decisión. Lograr síntesis, simpleza y naturalidad, en la elección del punto de vista de cámara a lo largo de un trabajo, es un objetivo a pulir.

En esta elección, comienzan una serie de elecciones donde se tomará partido por qué se va ver, cómo se va a ver, con que jerarquías visuales, y en qué orden de lectura. Así mismo, se comienza a optar por lo qué no se verá y permanecerá fuera de campo -con sus posibilidades narrativas y de sugerencia-.

No es una decisión aislada, puesto que se conjuga, íntimamente, con:

c) Angulación:

La angulación de cámara se vincula con el nivel y altura desde la que se mira. Hay un punto de partida ineludible para comenzar

---

muy pensado" LucioBorelli (DF), sobre Lisandro Alonso en "Liverpool", entrevista en Revista Nro 25, ADFCine.
[3] Aumont y otros, *Estética del cine*.

a pensar la *puesta de cámara*: la angulación normal, la de los ojos. El punto de vista natural del hombre sentado, parado, o donde fuera que se encuentran nuestros protagonistas. Como todo punto de partida, no necesariamente es un punto de llegada, y abundan los ejemplos de elecciones que transitan el camino inverso buscando diferentes efectos narrativos, emotivos y poéticos, donde la angulación *normal* es desatendida. Sin embargo, como mojón inicial para observar atenta y críticamente la *puesta de cámara*, y plantearse un abordaje constructivo a la hora de planificarla misma, (y deconstructivo a la hora de analizar materiales ya realizados), la angulación *normal* se nos ofrece como el primer referente semántico: la naturalidad de la mirada, o los efectos buscados al forzar esta naturalidad. Esta presunción de naturalidad, nos lleva a otro punto:

d) Valor del plano:
El tamaño en el que se ven los personajes, los objetos , y el entorno dentro del plano. Podríamos presumir del mismo principio citado anteriormente, y establecer un nuevo mojón donde el valor del plano sea el natural de las distancias entre *el que mira*, y *lo que mira*. Sin embargo, nuevamente los acentos narrativos, de intención y poéticos, desplazan esta presumida naturalidad, en aras de intensidad discursiva o efectos buscados. El acento de lo cercano o de la inmensidad, de lo dramático del acontecer o del movimiento, de lo potente de la ausencia, del contraste de escala entre los personajes y el entorno, la vulnerabilidad, la violencia, son algunos de los rasgos que se pueden remarcar, atenuar o acariciar con la elección del valor de plano. El valor de plano puede poner en relación, acentuar, remarca gestos y emociones, o tamizar y sugerir mas de lo que muestra. Las decisiones posibles son múltiples dentro de la construcción visual. Y en ellas se va construyendo un narrar, una vos y un tono, que es importante definir y mantener, sino de manera homogénea durante la totalidad del trabajo, sí de manera coherente y funcional, como un todo dentro de la historia que se está hilvanando.

Pero a la distancia entre lo que se muestra y quien lo ve, va aparejada otra distancia, esta vez de naturaleza óptica:

e) Distancia Focal

Técnicamente se conoce a la misma como la distancia entre el punto nodal posterior de la última lente que compone un objetivo, y plano focal de la cámara. Este constructo óptico-espacial determinará a su manera también el tamaño de los personajes, cosas y escenarios, dentro del cuadro. En este caso, sin desplazase la cámara ni lo observado. Mediante la elección de las diferentes ópticas elegimos las escalas de tamaño y una serie de efectos paralelos, como la representación de la perspectiva de manera mas o menos aplanada o deformada, y la elección de un abanico de posibilidades respecto del desenfoque. Nuevamente apelando al estereotipo de "normalidad" se conoce como objetivo normal aquel que representa lo observado en escala y ángulo visual similar al ojo humano, como objetivos angulares aquellos que abarcan un campo visual mayor, (deformando perspectivas, y restringiendo los desenfoques), y como objetivos tele aquellos que restringen el campo visual generando la sensación de acercamiento, (aplanando perspectivas, y permitiendo acentuar los desenfoques).[4]

Pero la elección de las distancias focales, implica otra variante gramatical, mas sutil: en relación a los movimientos, tanto de personajes como de cámara. Es aquí donde se comienza a configurar la gramática coreográfica de lo que se mueva (ya sea dentro del cuadro; o la cámara). Según las diferentes distancias focales referidas, la apreciación de la velocidad, e incidencia de los desplazamientos o movimientos de cámara, será muy diferente si se aprecian a través de un objetivo angular o uno tele. Sólo a manera de ejemplo, un paneo en trípode se verá mucho mas vertiginoso y con mas movimiento interno en el cuadro si se realiza con un teleobjetivo, que con un angular. Así como un giro cámara en mano en torno de un personaje requerirá menor desplazamiento del camarógrafo para variar de un plano lateral a uno frontal de su personaje si la cámara lo está tomando con un angular, que con teleobjetivo.

---

[4] "Utilizamos muchos planos fijos y casi siempre focales normales. Nuestro juego de objetivos iba desde los 27mm hasta el 50mm, por lo que la película se rodó en su mayoría en 35mm. Era el mismo campo de visión y la misma perspectiva que se obtiene con una cámara automática" Lance Acord, Director de Fotografía de "Perdidos en Tokyo" de Sofía Cóppola.

La dinámica de los movimientos, sus incidencias dentro del cuadro, sus velocidades, y variaciones entre figura y fondo se ven afectadas por la elección de las distancias focales. Y la incidencia de los desplazamientos, nos lleva al movimiento propiamente dicho:

f) Movimientos de cámara y de personajes:

Lo coreográfico en su máxima expresión. Los desplazamientos de una de las partes, o ambas (cámara & personajes-objetos), abren exponencialmente las variables compositivas y de ritmo visual, adquiriendo el trabajo audiovisual su verdadera dimensión cinética. La armonía visual será puesta en juego en cada movimiento, interno en el cuadro o externo de los dispositivos. La composición se vuelve un recuso vivo, cambiante cuadro a cuadro. La destreza de Camarógrafo y DF, más las directivas generales del Director al plantear la puesta en escena, se conjugarán en busca de un todo armónico, coherente y fiel a la historia y estética que se está buscando construir.

El abanico de movimientos es muy amplio, tanto de los personajes en un espectro que abarca 360° respecto de la cámara (en dos ejes, horizontal y vertical), o de la cámara que se puede mover en un rango de 360° respecto de los personajes. (en los mismos dos ejes). Son dos "esferas" de posibles movimientos que se intersectan. Esta amplia gama de movimientos posibles, traducidos a la bidimensión del cuadro, generan una gran variedad de sensaciones y velocidades de desplazamiento, que se acentúan cuanto mayor sea la perpendicularidad del movimiento respecto del eje de cámara. Así mismo, se modifica la relación figura-fondo, pudiendo generarse diferentes sensaciones de movimiento o relación de este binomio dinámico y mutante.

g) Profundidad de campo.

La profundidad de campo reintroduce la ambigüedad en la estructura de la imagen.
                                          André Bazin, en "Qué es el Cine".

Dedicados esfuerzos de presupuesto y de equipos técnicos (elección de lentes, parque de luces entre otros), y de equipo humano (camarógrafo y foquista), están destinados a perfilar el trabajo global de la profundad de campo en un film. La separación de los planos que mantienen el foco respecto del desenfoque, y lo acusado que sea esta diferencia, es una elección narrativa y estética fundamental. La cantidad de elementos -en foco, por delante o detrás del lugar donde se posicionó el foco, la definen. La posibilidad de trabajar enfoques selectivos durante un plano, o de despegar las figuras en foco de un fondo desenfocado, como la posibilidad de dar nitidez a toda la escena en una toma, abren el juego al tratamiento de las ambigüedades a las que refiere Bazin. Esta relación foco-desenfoque, depende de:

a) Distancia focal del objetivo. (menor distancia focal = mayor profundidad de campo)

b) Distancia a cámara de los sujetos. (menor distancia de enfoque = menor prof. de campo)

c) Número f -diafragma-. (mayor apertura = menor profundidad de campo)

d) Tamaño del soporte sensible. (mayor tamaño de sensor-fotograma = menor prof. de campo)

Estas variables demuestran una vez mas, el fuerte entramado de interdependencias que se dan en el marco de la puesta de cámara. En numerosas entrevistas, directores de fotografía se refieren a la decisión del Número f escogido para un film, vinculado a las distancias focales de lentes. Y así, la presencia que se da a lo definido y nítido, o lo "esfumado" y borroso en el lienzo cinematográfico. Estas apariencias visuales contribuyen claramente a la construcción de un sentido plástico-narrativo en lo audiovisual.[5]

h) Montaje y gramática de planos:

La variedad de planos en que se cuenta una escena, o secuencia, determinará las posibilidades de montaje, de las que dispondrán el Director y Montajista, para armar su discurso final. Esa incipiente gramática de posibilidades se comienza a definir, mediante las deci-

---

[5] "La profundidad de campo bien utilizada no es sólo una manera mas económica, simple y sutil a la vez de hacer resaltar una escena; sino que afecta junto con las estructuras del lenguaje cinematográfico, a las relaciones intelectuales del espectador con la imagen, y modifica por tanto el sentido de lo filmado"
A. Bazin, "Que es el Cine".

siones de Director y DF respectivamente, en relación a la puesta de cámara. Con cuántos planos se cuenta una escena, con cuáles, desde donde, con qué focal, con cuanto movimiento o estatismo, con qué profundidad de campo o cambios de foco, y con qué criterio compositivo y coreográfico cada uno de ellos. Cada plano, extrapolando el concepto de unidad de significación mínima de la lingüística, sería la palabra con la que ambos directores, van componiendo su texto. El plano como unidad, donde contraste, color, exposición, velocidad de movimiento y perspectiva, se dan cita.

j) Múltiples puntos de vista:

Todo lo antes abordado, se complejiza y multiplica ante la posibilidad de múltiples cámaras ó múltiples puntos de vista. Las construcciones gramaticales y de movimiento que se conjugan en un ojo múltiple y simultáneo, más las posibilidades de fraseo y conjugación de recursos narrativos y estéticos, se multiplican. Pero al igual que en nuestro comienzo, la guía rectora, el aglutinante y amalgama de posibilidades, será nuevamente al construcción de un criterio compacto y coherente, que aunque flexible, lo suficientemente rector como para poder hacer de guía de la discursividad visual que se está construyendo.

La posibilidad de abordar mediante múltiples puntos de vista el relato, nos devuelve a la necesidad inicial de entender, comprehender, y poner en práctica, todos los elementos que conforman la *puesta de cámara,* como un todo en el film. Este corazón narrativo, constituye así una de las herramientas fundamentales con que DF y Camarógrafo pueden sumar su aporte al trabajo grupal de dar a luz una pieza audiovisual.

I) PUESTA EN ESCENA / PUESTA DE CAMARA:
El encuentro de dos caras.

La *puesta de cámara* supone una concreción en el cuadro de la *puesta en escena*, lo que suele presentar cierto tipo de conflictos en esa suerte de traducción de un lenguaje a otro. Son grandes cambios, tanto el paso de la tridimensión a la bidimensión, como la fragmentación del tiempo, para luego ser reconstruido. Una metamorfosis de un lenguaje o dimensión, a otra. El tiempo se vuelve elemento plástico, condensable y expandible. Y el montaje permite alterar el orden original en el que se registraron los acontecimientos.

La tradición teatral de la *puesta en escena*, al principio se presentó como una tradición asentada y probada, a la cual el cine en sus inicios buscaba "respetar", y por momentos emular. Sin embargo, el plano cinematográfico y su articulación, fragmentarían el espacio-tiempo de la representación teatral, abriendo las puertas al desarrollo de la puesta de cámara. Aún hoy, incluso para mucho de los que se acercan a realizar sus primeros pasos en lo audiovisual, resulta sorprendente y hasta mágico, el efecto de fragmentar espacio y tiempo, para luego reconstruirlos. Mucho del misterio, de ese nuevo decir, se articula y gesta en la puesta de cámara. Sutiles engranajes de relojería se ponen en marcha en esa recreación espacio-temporal, donde punto de vista de cámara, angulación, composición, distancia focal, movimiento, valor y secuencia de planos, se engarzan junto con *la luz*. Y al moverse, encienden la linterna mágica.

II) EXPERIENCIA

El film "Cumbres Borrascosas", de Andrea Arnold con Dirección de Fotografía de Robbie Ryan, posee una potente puesta de cámara, asentada sobre una vital y por momentos crispada cámara en mano, conjugada con desplazamientos cercanos y orgánicos a los personajes, y trabajado con un planteamiento de focales y diafragmas que brindan una profundidad de campo crítica, manejada con una estética plástica y dramática. Esta película, fue una referencia directa para abordar la puesta de cámara de "Atlántida", (Dirección de Inés Barrionuevo, DF y cámara Ezequiel Salinas, Foquista Christian Leiva), donde tuve la oportunidad de colaborar como camarógrafo. Esta experiencia, trabajada sin marcas de foco sobre los actores y en su totalidad cámara en mano, con ópticas Carl Zeiss Ultra Prime a F 2.8 ó 4, y con escasos planos por escena, ha sido una de las experiencias, que me permitieron profundizar la empatía sobre la profunda significación de la *puesta de cámara*.

III) CONCLUSIÓN

Podemos visualizar de esta manera, la *puesta de cámara*, como una de las unidades de significación sustanciosa, que atañen al área de fotografía. DF y camarógrafo. El film se va construyendo sobre la base de estos componentes, que uno a uno y decisión a decisión, dan cuerpo al trabajo.

Considerarlos en su conjunto y su mutua interdependencia, permite avizorar un abanico de posibilidades, entre las que se construye, la visualidad del film.

Bibliografía General de referencia:
- ADF cine/ Revista- Entrevistas varias http://adfcine.org/sys/revista-adf/
- Aronovich Ricardo, "Exponer una historia"
- Aumont y otros, "Estética del cine. Espacio Fílmico, montaje, narración, lenguaje".
  Paidós, 1983.
- Ballinger Alexander, "Nuevos Directores de Fotografía", Ocho y Medio, 2004.
- Bazin André, "Que es el Cine", Rialp 2008.
- Deleuze Gilles, "La imagen movimiento", Paidós 1983.
- Epstein Jean, "La esencia del cine", Galeta Nueva Visión, 1957.
- Feldman Simón, "La composición de la imagen en movimiento", Gedisa 2001.
- Marcel Martin "El lenguaje del cine", Gedisa, 1999.
- Schaefer Dennis, Saltvato Larry, "Maestros de la luz. Conversaciones con Directores de fotografía contemporáneos", Plot ediciones, 1998.
-http://massivemexicancontrol.over-blog.com/la-puesta-en-escena-y-la-puesta-en-camara

LA PLANTA DE LUCES

Natalia Pittau

La planta de luces o planta de cámara es un plano de la locación donde vamos a grabar, que nos permite establecer de antemano la diagramación concreta de la propuesta visual con la que estamos trabajando en determinado proyecto audiovisual.

En la etapa de preproducción se proyectan sobre esta herramienta las dimensiones reales de las locaciones a utilizar, los mobiliarios y accesorios presentes en la escena, los tiros de cámara con los que se trabajará, los movimientos de cámara, el desplazamiento de los actores, es decir, la coreografía en general de la escena. También sobre este plano ubicamos las luces, definimos la altura y accesorios de las mismas.

Este boceto previo nos permite coordinar el trabajo entre áreas y facilita la comunicación, ya que al tener un plano de lo que se realizará pueden organizarse/revisarse conjuntamente las necesidades de todas las áreas en relación a esa locación.

La planta de luces se confecciona una vez estudiado el guión y una vez realizado el planteo estético y artístico por parte del Director.

En la planta se encuentra la información para el diseño de la iluminación y comunicación entre las áreas técnicas de trabajo.

La planta de luces debe contener
- Dimensiones reales de la locación.
-Componentes de la escenografía.

- El recorrido de los personajes.
- Posición de los artefactos de iluminación y accesorios.
- Angulación y movimientos de la cámara.

Es importante prever ciertas condiciones/características de la locación real donde se llevará a cabo la grabación y contemplarlas en la realización de la planta de luces, a los fines de evitar problemas en la etapa de grabación.

Deberíamos recorrer las locaciones para comprobar, instalación eléctrica (capacidad), posibilidad o no de colgar luces, altura de las aberturas, posición del mobiliario y dimensión de la locación.

Comprobar las posiciones, movimientos y acciones de los personajes en función de las dimensiones reales del escenario.

Comprobar ubicación y cantidad de luces necesarias para un plano general. Al plantear el criterio de iluminación establecemos primero lo requerido para el plano más amplio con el que trabajaremos, ya que en éste probablemente utilizaremos el mayor número de equipamiento, por lo que lo tomamos como referencia y punto de partida.

Finalmente debemos prever también la utilización de filtros y accesorios para los artefactos de iluminación.

Modelo de Planta de luces

La planta de luces presenta generalmente una rotulación en la parte superior de la hoja donde se indican:

El número de escena y descripción de la locación.

El número de planta y el número de tomas que contiene, también se consignan. En algunas ocasiones es conveniente desdoblar la planta de luces de una escena en varias plantas, para que sea legible la lectura de todos los elementos interactuando. Principalmente cuando es una escena con muchas tomas o con tomas con complejidad de movimientos y acciones.

También se consignan tipo de diseño de iluminación, ratio y radio.

<u>Simbología planta de luces</u>

El modelo de planta de luces con el que se trabaja en la cátedra utiliza algunas simbologías que se describen a continuación.

<u>Personajes.</u> Se dibujan indicando el sentido de la mirada y si hay desplazamiento, se traza el mismo con una línea de puntos y se indica la dirección de desplazamiento.

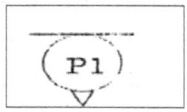

<u>Toma.</u> El símbolo que representa cada toma debe distinguirse con facilidad del resto de elementos y se complementa con número de toma, plano y referencia de altura de la cámara.

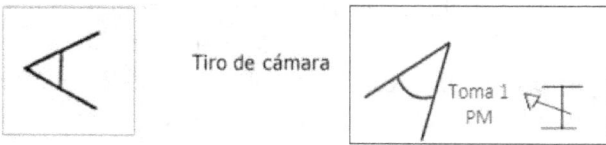

Si la toma es una panorámica, un travelling o un plano secuencia se deben marcar en ella los puntos de inicio y final del movimiento. También si hay una variación de plano con respecto al personaje.

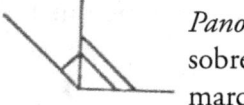

Panorámica. El inicio del movimiento de la cámara sobre su eje se marca con una línea y el final se marca con dos líneas.

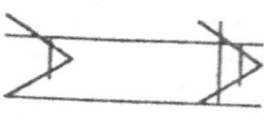

Travelling. El inicio del desplazamiento de la cámara se marca con una línea y el cierre del desplazamiento se marca con dos líneas. El gráfico que lo ejemplifica representa un travelling hacia atrás.

<u>Luces.</u> En relación a los artefactos de iluminación se proponen algunos símbolos genéricos en función de la posición de la luz. Deben ir acompañados por la descripción de su función (Key, Filling, Kicker o luz principal, luz secundaria, luz de efecto, etc). También se describen potencia, tipo, temperatura color, accesorios, filtros, ubicación y altura de luces.

Para la altura y posición de la fuente de iluminación se utiliza la misma simbología que en la descripción de cámara.

KEY LIGHT SPOT FRESNEL
1000W 3200°k

Otros posibles artefactos de iluminación (simbología)

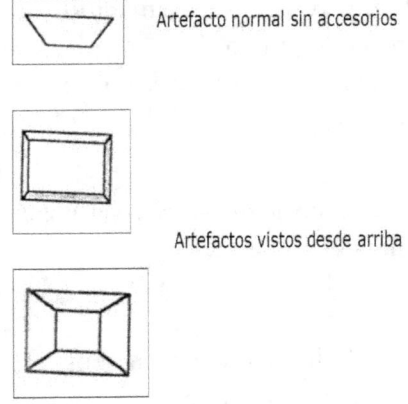

Artefacto normal sin accesorios

Artefactos vistos desde arriba

Accesorios (simbología)

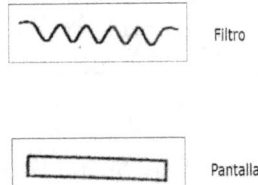

Filtro

Pantalla

Simbología para la altura de cámara y luces.
La altura de las luces tanto como la de la cámara se puede

expresar visualmente en la planta de luces a partir de los siguientes gráficos.

Podemos establecer los elementos desde un punto de vista alto, medio o bajo. Y desde cada una de estas posiciones podemos trabajar sobre las angulaciones picado, normal o contrapicado a su vez.

Si se coloca la posición de cámara/luz en la parte superior, la fuente va a estar en un trípode alto. En el gráfico se ve una angulación picada pero podría ser normal o contrapicada también.

Si se coloca la posición de cámara/luz en el centro, el trípode estará al nivel del sujeto
y la altura será a nivel de los hombros o normal en relación a objeto/ sujeto.

Si se coloca la posición de cámara/luz en la parte inferior, la luz o cámara será puesta
en un trípode bajo.

La altura de la línea transversal sobre la horizontal indica la altura a la que se encuentra la cámara o luz en relación al sujeto/objeto.

La inclinación de la línea transversal indica si la toma es picado o contrapicado. Si la línea se encuentra transversal (sin inclinación) significa que la cámara o luz se encuentra recta.

Referencias bibliográficas:
-"La Realización Cinematográfica", Simón Feldman.
-"Iluminación en Cine y Televisión", Blain Brown.
-"Exponer una Historia", Ricardo Aronovich.
-"El Arte Cinematográfico", David Bordwell y Kristin Thompson.

EJEMPLO DE GUIÓN. "LA CARTA"

Escena 1	Comedor casa María	Interior/Día
Toma 1.	**PM**	
Ana recoge la carta que se encuentra sobre la mesa.		(Ruido ambiente)
Toma 2.	**PD**	
Ana abre el sobre.		(Ruido ambiente)
Toma 3.	**PM luego PD**	
Ana lee la carta frente a cámara. Travelling in a detalle de sus ojos.		(Ruido ambiente)
Toma 4.	**PD luego PM**	
Subjetiva de Ana leyendo la carta. Paneo vertical, Ana levanta la vista hacia María que se encuentra sentada frente a ella.		(Ruido ambiente)

Modelo/estructura de guión tomado de "La Realización Cinematográfica" de Simón Feldman.

Modelo/estructura de guión tomado de "La Realización Cinematográfica" de Simón Feldman.

EJEMPLOS DE "PLANTAS DE LUCES"

Fecha:..................   Hoja Nº..................
Práctico Nº.........

Corto:..... La Carta ....   Nº de Grupo: ....

Integrantes: ....
....

Diseño de Iluminación: ...... Ventana ....
Escena: ...1......... Tomas: ... 01/02/03/04 ....
Ratio: ... 4:1 ...... Radio: ... -2 .... Cámara: ... Blackmagic ......

EL ROL DEL DIRECTOR DE FOTOGRAFÍA EN UN PROYECTO AUDIOVISUAL

Héctor J. Fontanellas

Para el cine actual, la imagen forma con el filme una unidad indisoluble. Una imagen que sea incompatible con la propuesta fílmica, frustra tal vez una película que pudo ser lograda. Una imagen excelente no rescata un mal filme.

Debido a los altos costos de producción para la realización de una película en nuestro país, el trabajo de todos los profesionales que participan debe ser muy riguroso ya que cuentan con escasos medios y por lo tanto con un bajo porcentaje de error.

En el caso del Director de Fotografía, debe caminar por el filo de una cornisa, tratando de aunar los distintos elementos que influyen en la formación de una imagen cinematográfica, de allí la importancia de la sensitometría, la fotometría, la óptica, la técnica de equipos y el estudio del color y de los fenómenos de percepción.

Es nuestro objetivo definir lo más claramente posible el rol del Director de Fotografía, enunciando las distintas tareas que corresponden a su intervención en el rodaje de una película.

Para la filmación de una película hay tres etapas claramente definidas: *Preproducción, Producción y Postproducción.*

El Director de Fotografía participa de todas ellas, de la siguiente manera:

PREPRODUCCIÓN

Lo primero que recibe el Director de Fotografía es un Libro Cinematográfico (Guión Literario), que le permitirá conocer la historia, época y lugar en donde se desarrolla la acción, desglose y descripción de los personajes y algunos climas fotográficos que le darán una primera idea sobre la historia propuesta. Tras la lectura, deberá conversar con el Director de la película respecto a los criterios estéticos que este tiene pensados.

Esta es una etapa muy importante porque normalmente de esas charlas puede salir definida el tipo de luz a utilizar. Tal vez luego, durante el rodaje, ya no sean necesarias más que pocas palabras entre ellos, con la consabida confianza de que el fotógrafo está haciendo lo planificado.

A la hora de inspirarse, son muchas las fuentes útiles y cada fotógrafo es adicto a alguna en particular. A veces es el Director quien sugiere la obra pictórica de uno o más pintores, otras veces coinciden en visionar escenas de películas que les permitan acercarse al criterio estético a utilizar. Están también aquellos profesionales que prefieren no ver nada, para evitar influencias que los condicionen.

Luego de esta etapa de búsqueda estética el fotógrafo puede recibir el Guión Técnico o "encuadre" en donde encuentra las referencias técnicas: movimientos, angulaciones y posiciones de cámara; ópticas; movimiento de los personajes; climas fotográficos, etc. Si el Director no utiliza Guión Técnico, las charlas previas deben ser más extensas, tanto en la etapa previa como durante el rodaje.

El Guión Técnico le permite al fotógrafo establecer las escenas de interior, exterior e interior/exterior. Luego deberá conocer las locaciones, tanto de interior como de exterior. En el primer caso podrán ser escenarios reales o en estudio con reconstrucción de los ambientes. Para ambos casos es importante saber el tamaño de los lugares, la altura de los techos, el estado de la instalación eléctrica. En cada caso deberá prever que las locaciones deberán albergar al equipo de iluminación y la instalación de los artefactos, el equipo de sonido, el de producción, el equipo de rodaje, el director y los actores. De no ser los adecuados deberá sugerir los cambios de lugar con anticipación.

En el caso de las locaciones en exterior le permitirán conocer los puntos cardinalesmuy importante para prever la salida y puesta del sol fondos, condiciones climáticas posibles, potencial estético de cada lugar, etc.

Determinadas las locaciones, deberá hacer un desglose de equipos y materiales a utilizar: cámaras, ópticas, accesorios, carro de travelling, grúa, cantidad y tipo de artefactos de iluminación y accesorios, tipo y cantidad de material sensible, filtros, gelatinas, accesorios. También deberá designar a su equipo de colaboradoes: camarógrafo, capataz, jefe eléctrico, y asistentes.

Generalmente el fotógrafo trabaja con el mismo equipo de colaboradores logrando de esa manera mayor afinidad en el trabajo profesional. Si el fotógrafo además hace la cámara tendrá la posibilidad de tener una visión más integral de la fotografía que va a realizar.

El capataz eléctrico es un colaborador muy importante pues es la persona que hace la puesta de la luz en base a las plantas de iluminación que le irá entregando el fotógrafo para cada escena. El control final de las mismas y la determinación del diafragma de cámara corresponderá al fotógrafo.

Otra tarea en esta etapa es el control de las cámaras, ópticas, filtros, fotómetros. En el caso de las cámaras es para determinar la fijación de las mismas, además se controlan los chasis, sistemas de obturación y funcionamiento de los motores. En las ópticas se hace un chequeo para determinar la definición de las mismas a distintas distancias, verificación de la profundidad de campo, y en las ópticas zoom se verifica el foco en todas las distancias focales.

Si la película se graba en video deberá hacer los mismos pasos con la diferencia que el chequeo de las cámaras y ópticas será todo lo concerniente al sistema del registro de imagen en video.

Respecto a los materiales sensibles, les hace una prueba de "niveles luz" en donde manteniendo una misma iluminación se hacen tomas de 10 segundos variando los diafragmas. A la vuelta del laboratorio, y en el visionado de una copia a "una luz", podrá establecer si la sensibilidad de la película coincide con la sensibilidad nominal establecida por el fabricante.

Otra prueba consiste en enviar al laboratorio de dos a tres metros de material sensible virgen (sin exponer). En el laboratorio le harán una prueba sensitometrica que permitirá valorar el estado del material. Estas pruebas son de gran utilidad para poder determinar si el material sensible que se va a utilizar en el rodaje está en buen estado o si deberá trabajárselo a distinta sensibilidad a la nominal. Puede también realizar pruebas de forzado de material sensible, ampliación si se filma en 16mm o Súper 16mm para ampliar a 35mm, filmaciones para pruebas de maquillaje, de peinados, de vestuario y escenografía.

Si el registro de imagen se hará en video profesional, deberá controlar cámaras, ópticas, y accesorios. Además, realizar las pruebas necesarias que demanda el sistema con el objetivo de conocer su prestación previamente, y de esta manera poder tomar una decisión del equipo a utilizar.

Determinará también el grado de verosimilitud de la iluminación con respecto a la realidad, es decir el mayor apego o no al realismo en función a la historia. Ello le permitirá establecer los criterios técnicos/estéticos y los diseños de iluminación a utilizar.

Como se verá, en la etapa de Preproducción se establecen las relaciones entre los profesionales que deberán trabajar juntos en la obtención de la mejor imagen: fotógrafos, escenógrafos, vestuaristas, director de arte. De ellos dependerá en gran parte el lograr la imanen prevista para la película.

PRODUCCIÓN

Esta etapa es de máxima atención y responsabilidad para el Director de Fotografía. Luego de la pruebas de equipos y materiales sensibles, en la búsqueda y selección de la mejor coloratura para lograr los climas adecuados para cada escena y cada situación, deberá poner en práctica las distintas técnicas que lo lleven a lograr una "exposición correcta", una "continuidad técnica" y la aspiración de lograr un *estilo*.

A medida que se filma, se envía el material al laboratorio. El Director de Fotografía deberá controlar los "campeones" o "copias de trabajo" (a una luz) para ir sacando conclusiones del trabajo que se está realizando. Los problemas detectados se deberán corregir en retomas en forma inmediata. Algunos problemas fotográficos podrían ser: mal funcionamiento de la cámara, errores técnicos, focos mal realizados, movimientos de cámara defectuosos, sombras indeseadas, aparición de algún micrófono u otro objeto en el encuadre, problemas de laboratorio, etc. A estos inconvenientes se puede agregar la decisión del Director de rehacer algunas tomas por no estar de acuerdo con la actuación de los actores u otras situaciones. También es posible hacer del negativo revelado una copia en video.

Durante todo el rodaje, el Director del filme es el que toma las decisiones finales respecto a la iluminación, encuadres, movimientos de cámara, etc. El fotógrafo podrá sugerirle cómo hacerlo o tomar las decisiones cuando previamente establecieron esa forma de trabajo.

Al finalizar cada día de rodaje, el primer asistente de cámara deberá rotular cada lata de película expuesta y enviarla al laboratorio.

El mantenimiento de las cámaras, limpieza de las mismas, limpieza de ópticas y chasis le corresponderá al segundo asistente de cámara.

Si la producción se hace en video, el fotógrafo puede chequear cada toma en el mismo momento del registro, e inmediatamente posterior. De esta manera, puede ir corrigiendo los posibles inconvenientes en el propio rodaje.

Todas las tareas de los integrantes del equipo de iluminación son importantes y de suma responsabilidad para el logro de un producto profesional.

POSTPRODUCCIÓN

Terminado el rodaje, comienza la tarea del compaginador que conjuntamente con el Director realizarán el montaje de la película.

La participación del Director de Fotografía en esta etapa estará supeditada a la necesidad de realizar algunos efectos en truca, tales como: fundidos a negro, encadenados, vuelta de página, títulos, sobreimpresiones, etc. En este caso el fotógrafo deberá controlar el trabajo que realice el laboratorio.

Podría ser necesario también, filmar algunos planos que se consideren de vital necesidad para la continuidad del filme.

Si se ha filmado en 16mm o Súper 16mm, deberá controlar la ampliación del material a 35mm que realizará el laboratorio. Otra tarea es el control del negativo de sonido.

Finalizado el montaje del filme, se debe hacer el tiraje de copias para la exhibición. Aquí participa activamente para lograr la coloratura y los climas finales de cada escena, y del filme en su totalidad. Deberá hacer, conjuntamente con el operador técnico encargado del color, la clasificación de luces de la película. Una vez obtenida la primera copia que satisfaga técnicamente al fotógrafo y al Director, se podrán tirar copias iguales a esa para ser exhibidas en salas de cine. También aquí, deberá controlar que dichas copias sean iguales a la copia maestra.

También la etapa de posproducción puede hacerse en video, por transferencia del negativo a ese sistema, y luego de trabajada la imagen se la pasa nuevamente a fílmico.

Llegado el momento del pre estreno, desde una butaca volverá a vivir con intensidad y emoción cada momento de la película. Gozará con algunas imágenes, se deprimirá con otras pero seguramente sentirá la satisfacción de haber participado en forma integral de un proceso de creación. Tal vez mañana deberá empezar con la preproducción de otra película, con otra gente, otra experiencia totalmente distinta que seguramente lo seguirá enriqueciendo, en esta actividad en donde cada día se aprende algo nuevo.

LA LUZ, MATERIA PRIMA DE LOS DIRECTORES DE FOTOGRAFÍA

Héctor J. Fontanellas

Los textos de física dicen: "la luz, en la vida cotidiana, es el principal factor para nuestras relaciones con el exterior".

Casi todos nuestros conocimientos los hemos adquirido por medio de la luz. Por la luz, los objetos son bellos, atractivos y deseables. Y son los pintores y los fotógrafos quienes utilizan la luz como materia prima. Ambos comparten la preocupación de su incidencia sobre el motivo, de cómo modela los objetos, como les da o les quita la forma, y la capturan: el pintor en una tela, una pared, un trozo de madera; el fotógrafo en un papel, una película, una cinta magnética, un disco compacto. En ambos casos intentan dejar una imagen para la posteridad.

Pintores y fotógrafos generan un arte bidimensional y sus esfuerzos estarán destinados a alterar el estado de ánimo y la percepción de la historia de los espectadores tratando de convencerlos que están viendo una obra tridimensional. Para ello, combinan los colores, las densidades, los trazos más o menos definidos, los planos, los encuadres, la perspectiva renacentista, el vestuario, la escenografía. El pintor lo hace con pinturas y pinceles. El fotógrafo con una cámara, una óptica, un material sensible, un fotómetro, filtros, y algunos equipos de efectos.

El pintor holandés Rembrandt (1) (1606 1669), a la hora de pintar un retrato, les enseñaba a sus discípulos:

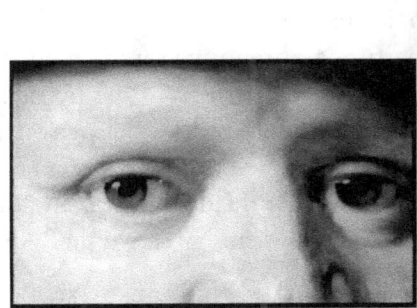
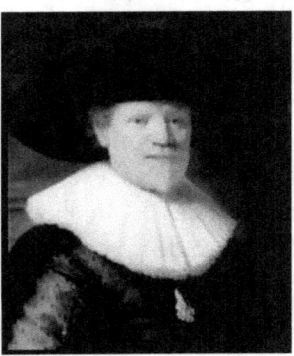

Que una sombra abajo de la nariz comienza en forma nítida y termina en forma difusa. Que hay que aplicar una leve pincelada de rojo en la parte más iluminada de las ventanas de la nariz para sugerir la transparencia de la piel. Que la pintura más clara de las zonas iluminadas debe ser tratada en dirección a la luz.

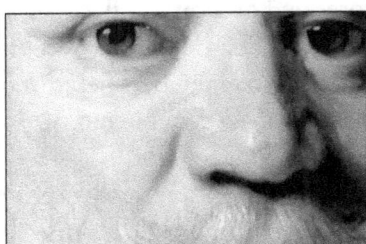
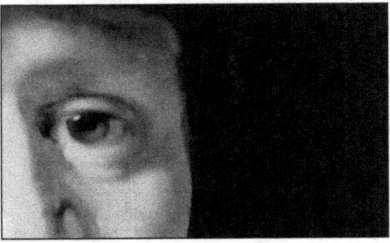

Que la sombra de una nariz comienza con un tono oscuro y luego se vuelve más clara. Que el énfasis del párpado se refleja en la cuenca. Que el globo del ojo necesita una chispa. Y que las lágrimas en el párpado inferior se sugieren con una línea blanca. Que el globo del ojo arroja una sombra sobre la piel y que debe aplicarse un toque de luz en la zona más oscura del rostro para reflejar una fuente de luz invisible y proporcionar espacio perspectivo.

Por el texto anterior podríamos decir que el maestro Rembrandt no sólo enseñaba a pintar sino también a iluminar. Con él, un fotógrafo aprendería a establecer un contraste de luz sobre el rostro del personaje (diferencia luz/sombra) que más tarde los fotógrafos denominaran Contraste o Ratio. La existencia de una luz principal (key light) que dará apertura al diseño; y una luz menor (filling light) que iluminará la otra porción del rostro. Que poniendo una luz desde cámara se tendrá brillantez en los ojos del personaje. Que la presencia de una luz no diegética, que ilumina la parte en sombra del rostro, formará el famoso triangulo de luz que buscan tan afanosamente los fotógrafos, tal vez con el mismo objetivo de Rembrandt: armonía, belleza y espacio perspectivo.

Que la obra de los pintores, cualquiera sea su época y estilo, es una fuente de inspiración estéticatécnica muy importante para los fotógrafos, nadie lo discute. Es la materia prima, el comienzo del conocimiento estético. Lo podemos ver en muchos filmes, no solo en aquellos en donde se cuenta la historia de algún pintor, por ejemplo: Picasso, Goya, Van Gogh, Caravaggio, etc.; sino también en filmes en donde los Directores y Directores de Fotografía utilizan el criterio estético de algún pintor para resolver la luz de alguna secuencia, o de toda la película, por ejemplo: "Todas las mañanas del mundo" de Alain Corneau, "Belle époque" de Fernando Trueba, etc.

Mi opinión sobre el tema anterior es que los docentes que enseñan fotografía deberían orientar a los alumnos para que abreven en esas fuentes: estudiar, en general, la historia de la pintura para ver la composición, la luz, los colores, la ambientación; y a los clásicos en particular: Rembrandt, Caravaggio, Vermeer, George de la Tour, Goya, Van Gogh, Velásquez, los Impresionistas.

Con la luz, el director de fotografía guía los ojos de los espectadores hacia aquellos puntos que considera de máximo interés. Puede afear o embellecer un rostro. Puede instalarlos en una atmósfera de tensión, de sufrimiento, o puede darles una sensación de espacio abierto, de alegría, de naturalidad.

El director de fotografía sueco Sven Nykvist (2), con respecto al uso de la luz, dice: *La luz amable, peligrosa, ensoñadora, muerta, viva, clara, luminosa, caliente, violenta, desunida, repentina, oscura, primaveral, en caída, recta sesgada, sensual, sojuzgada, limitada, venenosa, calmada, pálida. La luz amable es la que puedes utilizar si estás fotografiando a una mujer y quieres que se vea muy suave y hermosa, pero una luz ensoñadora también es muy suave, y prefiero conseguir este efecto con la propia luz más que con filtros de bajo contraste. La luz viva tiene más contraste y vitalidad, mientras que la luz muerta es muy plana y sin sombras. La luz clara da más contraste, pero no excesivo. Una luz brumosa puede necesitar del uso de humo artificial, mientras que una luz violenta es más contrastada que una viva. Una luz primaveral es un poco más cálida. La luz en caída es cuando el ángulo es muy bajo y consigues sombras más alargadas. La luz sensual es para las escenas de amor. Son estas sutiles diferencias las que influyen en cómo la audiencia percibe y reacciona ante las imágenes en la pantalla.* Todo un manual de enseñanza.

En un proyecto audiovisual, ¿puede un director de fotografía crear una buena imagen si las locaciones no son las adecuadas?.

Cuando desde producción se le comunica al director de la película que las locaciones previstas de exterior o de interior no se han conseguido, le generan una situación de difícil resolución, especialmente si dichos cambios son a última momento. Para él puede significar un cambio en el lenguaje de esa escena: otros encuadres y angulaciones, otros movimientos de cámara. Para el director de fotografía significará otra puesta de luces, otra coloratura en función a la tonalidad de las paredes, distintas reflexiones de luz, distintos brillos. La improvisación generará más estrés, más tiempo, más costo para la producción, y tal vez una imagen de menor calidad estética, o diferente, a la pensada.

Como decía un antiguo fotógrafo, el lugar adecuado hará que la fotografía venga sola. Al respecto es interesante lo que opina el director de fotografía italiano Vittorio Storaro (3): *Cuando estábamos preparando el Último tango en París (Bernardo Bertolucci 1972) la primera idea fotográfica vino en el periodo de las "locaciones" paseando por París con Bernardo. La luz era tan tenue que la ciudad tenía encendida toda la luz artificial, y el asunto de tener un tipo de luz natural de bajísima intensidad y con un tipo de longitud de onda bastante precisa que la hacía totalmente fría, en contraste con la luz artificial de tungsteno que está siempre encendida creaba un tipo de choqueencuentro entre dos diferentes energías, entre dos diferentes longitudes de onda, entre dos diferentes colores. Utilicé el naranja. Una vez más, la idea me vino de su peculiar longitud de onda o energía; la intensidad de esa longitud de onda me sugería la pasión. Empezamos a pintar de naranja el apartamento vacío; utilizamos el sol invernal, que se mantiene muy bajo a lo largo del día. La luz del sol nos dio tonos de piel más cálidos. Era el color de la pasión, de la emoción.*

A la hora de aceptar hacer la fotografía de una película el director de fotografía se está comprometiendo a lograr un resultado fotográfico que aporte y refuerce el contenido temático, por lo tanto su formación técnica y cultura será importante. Sin embargo, no es el único responsable de la imagen, su equipo deberá trabajar mancomunadamente con el área arte. La imagen final será el resultado de ese encuentro o desencuentro de ambas áreas. La luz más el vestuario, la escenografía, la utilería, el maquillaje, peinados deberían dar el «clima» necesario para esa película. Hay muchos ejemplos al respecto. Menciono el siguiente porque es un trabajo que admiro: la película «Novecento» de Bernardo Bertolucci (1975). Su director de fotografía, Vittorio Storaro, expresaba lo siguiente a su entrevistador: *De la lectura del guión surgió la idea guía de Novecento: las cuatro estaciones climáticas en relación a los cuatro momentos de la vida: infancia, adolescencia, madurez y vejez. Paralelamente, intentamos encontrar cuatro símbolos que en el plano fotográfico pudieran de alguna manera contar la historia de Novecento: posguerra, el prefascismo, el fascismo y la liberación. El uso de la luz natural, todavía fundamental en el inicio de la película evoluciona mano a mano con el uso de lámparas a aceite, petróleo, gas y electricidad".*

Otro tema importante para el Director de Fotografía, a la hora de encarar la fotografía de una película, es la tecnología a utilizar. Hoy dispone de muchas alternativas: fílmico, video, y la interacción entre ellos. En nuestro país, casi siempre el presupuesto con que cuenta el director para hacer una película determinará la tecnología a utilizar.

Como dice el Prof. Adelqui Camusso (5): *"El director de fotografía deberá caminar por el filo de una cornisa. Para auxiliarlo llegan sus conocimientos de fotometría, sensitometría, óptica, colorimetría".* Estas disciplinas, junto a los conocimientos estéticos y a la propia experiencia, en una interacción dinámica le proporcionarán una mayor seguridad en esa búsqueda. Eso sí, nunca arriando las banderas de la calidad de imagen.

Para terminar estas breves reflexiones, recurro nuevamente a las palabras, que comparto, del maestro sueco SvenNykvist (6) al responder a la pregunta acerca de sus principios como fotógrafo. Dice: *Mi vida como director de fotografía se puede resumir en un puñado de principios, que la han definido: ser fiel al guión, ser leal al director, ser capaz de adaptarse, y cambiar de estilo. Aprender sencillez. Y también agregaría que un Director de Fotografía debe dirigir, al menos, un largometraje propio para comprender el conjunto del proceso creativo de la cinematografía.*

(1) "Rembrandt" – Documental de Visual Ediciones 1991.
(2) "Directores de FotografíaCine" de Peter Ettedgui – Océano Grupo Editorial SA 1999.
(3) "El almacén de la luz" de Stefano Consiglio y Fabio Ferzetti – Edisica 1985.
(4) "Maestros de la luz" de Dennis Schaefer y Larry Salvato – Plot Ediciones SA 1998.
(5) Director de fotografía Docente de Fotografía Cinematográfica del Depto. de Cine y TV de la UNC – Década del 70.
(6) "Directores de FotografíaCine" de Peter Ettedgui – Océano Grupo Editorial SA 1999.

* Imágenes: pintura de Rembrandt.

Impreso por Editorial Brujas • marzo de 2017 • Córdoba–Argentina

www.ingramcontent.com/pod-product-compliance
Lightning Source LLC
Chambersburg PA
CBHW060842220526
45466CB00003B/1212